Paris. — Imprimerie de GAUTHIER-VILLARS, quai des Grands-Augustins, 55.
(Ancienne imp. Bonaventure.)

PRÉFACE

Certains peintres se sont plu à se représenter entourés de leurs parents, de leurs amis, de leurs voisins ; en évoquant ces sensations intimes, des artistes même médiocres ont laissé des toiles intéressantes : ils travaillaient pour leur propre jouissance, sans se préoccuper du public. La même pensée m'a guidé en écrivant ces souvenirs. A une époque fatale où il fallait oublier, vers le milieu de l'Empire si prospère, disait-on, au commerce et à l'industrie, j'essayai, en inventoriant mon propre fonds, d'échapper aux soucis qui emplissaient l'esprit de ceux qui, ne s'étant pas rattachés à la littérature de cour, devaient faire de vifs efforts pour échapper aux lourds assoupissements, chasser l'amère mélancolie des oiseaux en cage et ne pas transformer leurs aspirations en sifflets.

Que de soucis emplissaient alors la plupart des esprits ! Combien d'ombres voilaient de rayons ! Quels épais brouillards s'opposaient à toute tentative in-

CHAMPFLEURY

SOUVENIRS

ET PORTRAITS

DE JEUNESSE

Masques et travestissements. — Mürger.
Paysages et horizons. — Comédiens de province.
Courbet. — La ville des flûtes.
Le billard de la citadelle. — Baudelaire.
Aventures d'un agent de police.
La bohême. — Bonvin. — Amourettes.
Brumes et rosées. — Notes intimes.
Proudhon.— Veuillot. — Victor Hugo. —Sainte-Beuve.

PARIS

E. DENTU, ÉDITEUR

LIBRAIRIE DE LA SOCIÉTÉ DES GENS DE LETTRES

PALAIS ROYAL, 17 ET 19, GALERIE D'ORLEANS.

—

1872

Tous droits réservés.

SOUVENIRS

ET PORTRAITS

DE JEUNESSE

tellectuelle! Aucun des hommes de cette génération n'a oublié la suppression de la *Revue de Paris*, la condamnation qui atteignit le poëme des *Fleurs du mal*, les poursuites exercées contre le roman de *Madame Bovary*, le dommage causé à la librairie par les injustes arrêts de la Société de colportage du Ministère de l'Intérieur, la pression exercée sur de timides directeurs de journaux par des censeurs sans mandat officiel, le développement et les encouragements accordés à de scandaleuses chroniques et l'abaissement intellectuel qui s'en suivit. Non, il n'est pas possible de l'oublier.

Il était facile à cette époque de se croire dangereux : il suffisait d'avoir une opinion artistique qui ne fût pas d'accord avec celle de la foule. « Tu penses comme toi, me disait un sceptique de mes amis, prends garde au préfet de police. »

Aussi, craignant d'être injuste et juge dans ma propre cause, hésitai-je longtemps à publier ce livre, malgré les encouragements d'esprits distingués qui avaient bien voulu en prendre connaissance (1).

---

(1) « Je n'ai pas présents tous les noms de la vraie bohème, et il en est sorti, je le crois volontiers, plus d'un artiste et d'un écrivain qui a sa valeur. Je sais que M. Champfleury a écrit, dans des Mémoires personnels, l'histoire de ces années d'épreuve, et ce récit, à son tour, aura bien son intérêt avec le temps. » — Sainte-Beuve, *Nouvelles Causeries du lundi* (16 novembre 1863, *Constitutionnel*)

Ecrits du vivant des personnages, ces souvenirs pouvaient gêner le développement de quelques-uns qui avaient été si longtemps gênés et paralysés.

Il n'en est plus de même aujourd'hui. La plupart de mes compagnons de jeunesse ont terminé leur mission ; et il m'a semblé que l'heure était venue de donner l'historique d'un petit groupe d'hommes pour qui l'art était un but et non un moyen, gens désintéressés et sans ambitions mauvaises (sauf une seule et fatale exception). Aucun d'eux ne fut détourné de sa route par l'appât du tribut considérable qu'un public blasé payait à ceux qui flattaient ses goûts ; quelques-uns acceptèrent de vivre à l'aventure pour garder leur indépendance ; vaillants lutteurs qui s'efforçaient de rendre difficile cette littérature appelée trop facilement facile, tous portant le fardeau de leurs croyances et en étant récompensés par des joies solitaires.

Sèvres, Juin 1872.

I

MASQUES ET TRAVESTISSEMENTS

A l'âge de cinq ans, je me vois au milieu d'un magasin de jouets et de confiserie qui me faisaient ouvrir de grands yeux et promener une langue de convoitise sur mes lèvres. A cette époque seulement les souvenirs des premières années prennent corps et se profilent dans mon cerveau.

Mes parents avaient à élever deux fils et une fille; la modeste dot de ma mère et les appointements de mon père ne suffisaient pas à l'éducation qu'on rêvait pour les enfants : ma mère entreprit d'augmenter les revenus du ménage en se mettant à la tête d'une boutique d'objets divers, quoiqu'en 1826, une petite ville de province, située sur une montagne d'un abord difficile, n'offrît pas des chances considérables de commerce. Il faudrait aller aujourd'hui au fond de la Bretagne pour retrouver la physionomie d'une boutique de Laon à cette époque, et peut-être ne serait-elle pas restée si vivace dans ma mémoire sans la fantastique entrée d'un chevreuil, poursuivi par des chasseurs, qui fut reçu à bras ouverts par les poupées et les pantins ignorant les dommages que les bois de l'animal allaient causer à leurs riches vêtements.

Les conséquences de cette visite bizarre ont été contées avec trop de détails dans les *Bourgeois de Molinchard* pour que je m'y arrête plus longuement.

Les enfants sont fureteurs comme les chats. Mon premier soin fut de parcourir du bas en haut la boutique et ses dépendances ; cette curiosité fut récompensée par la découverte de singuliers habits bariolés, garnis sur toutes les coutures de paillettes, de franges d'or et d'argent. Après avoir regardé ces habits avec timidité, je les touchai et fus assez audacieux pour me couler dans une longue culotte et une large veste à losanges bigarrées ; leur ampleur ne m'empêchant pas de descendre triomphalement par le petit escalier de la boutique. On s'imagine l'effet produit par ce costume d'Arlequin dont la veste me tombait sur les talons, tandis que mon menton disparaissait dans le petit pont de la culotte.

Des gens du dehors s'étant collés aux vitres pour me voir en cet équipage, j'en conclus que rien n'était plus magnifique !

Pendant quelque temps je me donnai le plaisir d'apparaître à la fenêtre du grenier, habillé tantôt en moine, tantôt en bergère, un autre jour en Turc. Ces costumes excitaient tellement l'enthousiasme des galopins ameutés sur la place que, pour y mettre ordre, ma mère s'en débarrassa ; j'ai revu, trente ans plus tard, à la montre d'un perruquier, ces mêmes défroques, que peut-être les élégants du pays portent aujourd'hui encore, à l'époque du carnaval, la fraîcheur de ces déguisements n'étant pas le point essentiel.

Des rangées de masques de carton, accrochés dans le grenier, et l'intérieur des coulisses du théâtre sont les souvenirs les plus précis de ma vie d'enfant. Ce fut alors qu'un accident eut pour résultat de loger dans ma cervelle un fragment de poésie, le seul qui se soit accroché sérieusement à ma mémoire.

II

INITIATION A LA POÉSIE

Mon père, en qualité de secrétaire de la mairie, jouissait de ses grandes et petites entrées au théâtre ; il correspondait avec les directeurs des troupes en tournée qui avaient pour mission de répandre dans la province les chefs-d'œuvre de la littérature dramatique de l'époque ; comme mon père était d'une humeur qui n'avait rien de bourgeois, qu'il aimait le théâtre et au besoin complimentait les actrices, son entrée dans les coulisses était vue d'un bon œil. Il me mena donc tout jeune « à la comédie » où, tout d'abord, un immense rideau bleu relevé par des torsades d'or me remplit d'admiration. Je ne saurais oublier cette *toile* imposante et le respect qu'elle m'inspira. Tout ce public impatient assis devant le magnifique rideau, démontrait suffisamment l'importance des scènes qui allaient se dérouler tout à l'heure.

Comme on tardait à commencer, mon père me fit monter sur le théâtre par un petit escalier noir. Quel effet me produisirent les femmes fardées, le mouvement des machinistes dans les coulisses et les brillants costumes militaires des hommes, car les comédiens allaient jouer le fameux mélodrame : *L'assassinat du maréchal Brune.*

Blotti dans le manteau d'arlequin, n'osant souffler, les yeux grands ouverts, tirés par les ficelles de la curiosité, je vis entrer de sinistres personnages à bonnets poilus enfoncés sur les yeux, la bouche perdue dans d'épaisses barbes noires, et des pistolets à la ceinture. Ces coquins chantaient d'une voix menaçante :

> Trestaillon l'ordonne,
> N'épargnons personne.

Ce sont, ai-je dit, les deux seuls vers que j'aie pu retenir de ma vie, non pas précisément à cause de leur lyrisme; mais il en arriva comme pour la salamandre qu'aperçut tout jeune Benvenuto Cellini, et qui lui valut un si rude soufflet de son père avec cette admonestation : « Tu te souviendras de la salamandre. »

Obéissant à leur chef, les affidés de Trestaillon cherchaient à attirer dans une embuscade, pour l'assassiner, un jeune et élégant aide de camp en culottes collantes et en bottes à l'écuyère. Les pistolets des bandits braqués du côté de la coulisse où je me tenais tremblant, la vue du meurtre qui allait s'accomplir sous mes yeux, autant que la peur de la détonation, firent que je reculai : derrière moi se trouvait l'escalier du dessous du théâtre, où je roulai de marche en marche, en poussant un cri. Heureusement la souplesse de mes membres fit que je m'en tirai sans autre mal qu'une vive émotion : au bout de quelques instants, ayant rouvert les yeux, je me trouvai étendu sur un banc de gazon peint, au bas duquel se tenait une sorte de fée aux joues roses et aux lèvres de cerise, qui semblait une aimable figure de cire.

La fée me caressait, me couvrait de baisers et emplissait mes mains de dragées. Avec les yeux de la jeunesse, l'aimable comédienne m'apparaît encore aujourd'hui. L'émoi que lui avait causé ma chute soulevait sa poitrine et cette agréable vue me faisait oublier les affreux scélérats de la bande de Trestaillon.

A quelques années de là mon père me conduisit plus souvent au théâtre; les pièces patriotiques de 1830 où des jésuites se cachaient dans des tonneaux de barricades quelques vaudevilles de Scribe, *Trente ans ou la vie d'un joueur*, les tirades d'*Antony* et les mélodies de *la Dame blanche* m'initièrent au drame, à la comédie et au lyrisme ; mais les acteurs m'intéressaient plus encore que les pièces

Même les ouvriers qui touchaient au théâtre m'apparaissaient entourés d'une sorte d'auréole. Il n'est pas jusqu'au garçon d'accessoires, le menuisier Danguillaume, chargé de manœuvrer les décors, qui ne me semblât surnaturel. Près de la toile, à l'intérieur des coulisses, je ne saurais oublier le machiniste, un vieux garçon bossu, dévorant des yeux tout ce peuple de comédiens se démenant sur les planches, et qu'en dehors de ses fonctions on surprenait sous les ormes des promenades, creusant depuis plus de vingt ans le rôle de *Tartuffe*.

III

LES COMÉDIENS DE PROVINCE

Que sont devenus, après trente ans, ces gais comédiens, râpés, maigres, pâles, qui communiquaient à l'intérieur des coulisses, si noires en plein jour, les reflets de leur insouciance ?

La jeunesse aime les gens de théâtre parce qu'ils restent toujours jeunes, contents de peu, se grisant d'applaudissements, la bourse vide, le cœur plein d'illusions. C'étaient des acteurs de vaudevilles, des chanteurs de petits opérascomiques; la chanson ne les quittait pas : ils chantaient en attendant la répétition, assis sur les marches qui conduisent au théâtre ; ils recevaient leurs créanciers en chantant.

Dans les études de notaires, les clercs baissaient tristement la tête en songeant au départ des actrices qui, sans s'inquiéter de ces tristesses, remplissaient de roulades joyeuses la rotonde de la voiture.

Au bas de la montagne une grisette trempait son mouchoir de larmes à la vue du séduisant jeune premier qui rêvait déjà à d'autres conquêtes, et sous les marronniers un sous-lieutenant tordait de dépit ses moustaches en entendant la chanson de la grande coquette.

Les ingrats chantaient en quittant Laon; dix lieues plus loin, ils annonçaient leur arrivée à Soissons par des chansons.

La volonté de sourire des lèvres amène le sourire au cœur. Il en est de même de la chanson ; chanter mécaniquement provoque la gaîté intérieure. Tous ces ragotins étaient gais et triomphants, certains du prestige que donnent les planches et le fard. Les femmes pouvaient être impunément maigres et grêlées, les forts premiers rôles cagneux et bancroches. Une robe de velours fané, du strass sur la tête, du paillon à la ceinture, des bottes jaunes en entonnoir, des pourpoints couleur abricot, des toques crénelées, faisaient aussitôt de ces comédiens d'héroïques personnages pour lesquels le parterre et les *secondes* n'avaient pas assez d'yeux et d'oreilles.

C'étaient réellement des êtres surnaturels. On comptait dans la bande quelques vieux brûleurs de planches qui avaient certainement enthousiasmé les quatre-vingt-six départements. Le théâtre semblait leur communiquer un vie nouvelle; on n'entendait jamais parler de leurs maladies, et discrets comme les animaux, ils attristaient rarement les humains par le spectacle de leur mort.

J'ai vécu avec eux jusqu'à vingt ans et quelquefois je pense, en souriant, aux Trial et aux Dugazon-corset du théâtre de Laon.

IV.

UNE PETITE VILLE SOUS LA RESTAURATION

Certains quartiers anciens de Rouen peuvent donner une idée des rues de Laon avant la révolution de Juillet. C'étaient de vieilles bâtisses à pignons, sillonnées de poutres revêtues d'ardoises ; si des auvents abritaient les passants contre la pluie, ils empêchaient le jour d'entrer dans de petites boutiques où toutes sortes de merceries étaient entassées. La plupart de ces masures, semblables à des vieillards voûtés dont les jambes commencent à refuser le service, se groupaient serrées au bas de la tour colossale de Louis d'Outremer dont elles faisaient encore valoir la hauteur.

On a pour système actuellement de détruire les cadres des anciens monuments pour les entourer de vastes places. Ce sont des empereurs sans sujets. L'espace les amoindrit et les rapetisse. Les échoppes qui y étaient adossées formaient une échelle de proportions.

A Laon, on ne se contenta pas de détruire le cadre, on démolit le tableau du même coup. Cette tour imposante, située au milieu du vieux bourg, tomba, et avec elle les souvenirs de l'affranchissement des communes parti du plateau de la montagne. L'iconoclaste sans le savoir est quelquefois aussi dangereux que l'iconoclaste emporté par le courant révolutionnaire. En 1793, le peuple avait voulu abattre la tour, en haine des souvenirs féodaux ; il ne réussit qu'à détacher quelques pierres du couronnement : en 1830, un conseil municipal bourgeois, pour construire un hôtel-de-ville régulier, décréta la démolition du monument. En voyant la platitude architecturale qui *orne* la place actuelle de la mairie, on comprend l'indignation que causa à Victor Hugo (1) ce vandalisme d'une si médiocre utilité.

Sans doute, les peintres et les poètes ont abusé du *pittoresque*, des anciennes maisons de bois, des ruelles tortueuses, des fouillis de constructions bizarres. Une vieille ville ne saurait être prise pour un de ces objets de curio-

---

(1) *Littérature et philosophie mêlées*, 1834.

sité conservés dans les musées avec la sacramentelle pancarte : *Ne touchez pas.* C'est pourquoi un utilitaire aurait raison de dire que les larges voies, les constructions aérées, le soleil et l'air qui traversent les grands espaces font oublier la pauvreté de lignes des habitations modernes : il pourrait ajouter également que c'est un signe de décrépitude que de pleurer sur le passé, si on met en regard les bienfaits du présent, l'accroissement de la durée moyenne de la vie et du bien-être. De telles raisons ont leur poids; mais je parle de ce que je voyais dans ma jeunesse avec des yeux d'enfant, sans préoccupation d'utilitarisme.

Une ancienne église dont les délicates trouées ogivales étaient remplies de plâtre, servait de boutique à un marchand de vaisselle ; dans les meneaux brillait l'émail des faïences au fond desquelles picoraient des coqs rouges triomphants. C'était un des côtés du décor. Une boutique d'épicerie, couleur vert-pomme, faisait l'angle de la rue Châtelaine, avec un cœur pour enseigne et d'immenses cartes à jouer peintes au centre. Les armuriers, les marchands de bonneterie, les chapeliers ornaient leurs devantures de symboles de leur industrie : arquebuses hautes comme la maison, bas qui auraient pu servir à Gargantua, chapeaux de « larbins » peints en rouge, le tout d'une dimension excessive et stupéfiante.

Sur une montée escarpée plantée d'arbres, s'étageait

la mairie, flanquée de la tour Louis d'Outremer, qui semblait un factionnaire-géant pour la garder. D'anciens bâtiments faisant face, étaient percés de voûtes qui communiquaient à une petite place appelée *placette :* là se voyait la vieille maison d'un maître de danse dont le pignon, peint à fresque, représentait une balustrade de jardin d'où un gros chat noir s'élançait sur des souris.

Aujourd'hui, plus de traversées, plus de placette, plus d'arbres! Une médiocre statue de général, un monument municipal d'une forme sans formes remplacent la prison de Louis d'Outremer. J'aime mieux me rappeler les masures, la vieille tour, les enseignes monumentales, les faïences à coq et le chat noir de la maison du maître de danse.

V

PAYSAGE ET HORIZONS

Il reste d'ailleurs à la ville un décor que rien ne peut modifier.

De quelque côté que vienne le voyageur, de Paris, du Soissonnais, de la Flandre française ou des Ardennes, la montagne de Laon et sa gothique cathédrale apparaissent à l'extrémité de longues avenues de peupliers. La montagne semble inséparable de la cathédrale comme la cathédrale l'est de la montagne : l'une ne saurait se passer de l'autre. L'architecte a trouvé dans la nature un majestueux piédestal qui donne du relief aux principales lignes de la statue.

Du Nord, qui est la principale voie ouverte aux voyageurs, Laon semble un hameau situé sur une montagne, avec un monument hors de proportions pour le peu de maisons qu'il abrite. La ville se blottit derrière de vieilles murailles et des charmilles d'ormes : comme un lézard, elle s'étale au soleil du côté du Midi et préfère regarder les coteaux accidentés de Bruyères, de Vorges, de Presles, de Nouvion-le-Vineux, plutôt que le plat territoire qui conduit d'un côté à Saint-Quentin, de l'autre à la Champagne pouilleuse.

Mais la cathédrale n'a pas tout dit dans sa première rencontre avec le touriste. A mesure qu'il approche, des profils étranges d'animaux à cornes se détachent, posés sur la dernière marche des escaliers à jour des hautes tourelles de l'église. Ces grands bœufs impassibles sont-ils la symbolisation du concours qu'ils prêtèrent à l'érection de la cathédrale ou témoignent-ils que déjà au xie siècle le pays fût consacré à la culture ? Fantastiques dans leur immobilité et regardant l'horizon à dix lieues à la ronde, ces bœufs arrêtent longuement les yeux du voyageur qui ne se reportent que plus tard sur les jardins accrochés aux flancs de la montagne, les méandres d'une longue route blanche se détachant sur la verdure des gazons, les *grimpettes* escarpées semblables à des chemins de chèvres et les vieilles murailles qui enserrent la ville.

Tout est verdure et tranquillité sur le plateau. La jolie situation ! On croirait que La Bruyère l'a voulu peindre : « J'approche d'une petite ville et je la vois dans un jour si favorable que je compte ses tours et ses clochers. Elle me paraît peinte sur le penchant de la colline. Je me récrie et je dis : Quel plaisir de vivre sous un beau ciel et dans un séjour si délicieux ! Je descends dans la ville, où je n'ai pas couché deux nuits que je ressemble à ceux qui l'habitent : j'en veux sortir..... Il y a une chose qu'on n'a point vue sous le ciel et que selon toutes les apparences on ne verra jamais : c'est une petite ville qui n'est divisée en aucun parti ; où les familles sont unies et où les cousins se voient avec confiance ; où un mariage n'engendre point une guerre civile ; où la querelle des rangs ne se réveille pas à tout moment pour l'offrande, l'encens et le pain bénit, pour les processions et pour les obsèques ; d'où l'on a banni les caquets, le mensonge et la médisance. »

Ces misères de la vie de société qui s'appliquent à toutes les villes, aux grandes aussi bien qu'aux petites, ne sauraient gâter la vue du paysage. En face de ces beautés naturelles, l'esprit oublie vite et s'élargit avec l'horizon. Plus de souvenirs de mesquineries bourgeoises ! Tout est bon pour les yeux : le nuage qui passe, le rayon de soleil, l'ombre transparente s'allongeant sur le gazon. Plus de ces laideurs dont la civilisation marque le masque de l'homme !

Tout dans la nature offre de belles lignes : les bouquets d'arbre, les vallons, les collines.

Au bas de ces coteaux fécondés par le travail, la vie doit être facile : la verdure claire et légère pousse sans les efforts que demande la lourde et compacte verdure de contrées moins favorisées.

On a plus d'attachement, je le crois, pour la montagne que pour la plaine : cette mère grave et affectueuse n'offre-t-elle pas plus de beautés variées et n'appelle-t-elle pas des yeux plus respectueux ?

Je songe à un peintre de paysage qui vivrait sans cesse avec la montagne et ne se lasserait pas d'en noter les divers aspects. Une vie bien remplie y suffirait à peine. La montagne fournirait des motifs toujours nouveaux, car ombres et lumières sont inépuisables dans leurs jeux.

Plus d'une fois, j'ai oublié les fatigues de la vie parisienne, en faisant, solitaire, le tour de la ville, sous les vieux ormes, dont un air vif agite le feuillage : verdures salutaires à l'esprit aussi bien qu'à la vue, bains de fraîcheur et de lumière pour le corps et le cerveau. A l'horizon, tout est riant, vivace et plantureux : le frisson des peupliers encadrant de grands prés, de gais villages adossés à la lisière de petits bois, des blés jaunissants s'inclinant et se relevant suivant le souffle du vent, des hameaux aux toits d'ardoises étincelantes et, dans la zone qui regarde le Soissonnais, un assemblage de verts de toutes nuances que la nature s'est plu à prodiguer, comme une symphonie harmonieuse.

Il est une autre partie du plateau qui forme davantage tableau pour ceux qu'éblouiraient ces luxuriants massifs d'arbres et de prairies. Du côté de la promenade Saint-Jean, la montagne ouvre ses flancs à des vignes que baigne le soleil. C'est la *cuve* qui forme fauteuil avec deux ondulations de terrains pour bras. D'un côté se pressent les maisons de la ville, de l'autre une ancienne abbaye, qui regardent cette bienheureuse vigne assise comme dans le giron de sa nourrice : au pied s'étale la petite propriété morcelée, offrant mille combinaisons de couleurs et de formes, certains terrains allongés, certains autres trapus, ceux-ci taillés en languettes, ceux-là en pointes et s'insinuant dans une prairie voisine, quelques-uns ondulés, coupés par des fossés, bordés de longs peupliers ou de saules rabougris, d'autres encadrés dans des haies de sureaux ; l'ensemble faisant penser à un lavis d'architecte aux tendres nuances qui se confondent doucement avec l'horizon.

Dans l'été, alors que la floraison s'épanouit, il faut voir, du haut de la montagne, ces vastes terrains où le seigle succède à l'avoine et au blé. Tout pousse à la fois dans les clos, tout pousse à l'aventure. De grandes nappes jaunissantes tranchent sur les verdures voisines : le séné prend ses ébats dans les champs où pointe la jeune avoine; à côté, le rose sainfoin lance une note gaie à laquelle succèdent les tons discrets et mélancoliques des pavots en fleurs.

Pour cadre à ce panorama : des collines boisées, les clochers des villages situés sur des coteaux, des moulins à l'horizon, des massifs de verdures succédant à d'autres verdures et toujours la note verte dominant, profonde, immense et lointaine.

VI

ANCIEN CARACTÈRE GAULOIS

A l'opposé de ce beau panorama, se trouve la promenade Saint-Just qui en forme l'antithèse. Saint-Jean est une petite Provence, Saint-Just l'hiver semble une Sibérie. La lumière, le soleil, ont fait élection du côté de la « Cuve »; l'humidité, la tristesse, règnent en souveraines dans le voisinage du cimetière. Là souffle la bise dans toute sa rigueur: à la fin de l'automne, quand viennent les froids noirs, la neige amassée y fond difficilement et je ne sais quelle flamme parcourt les veines des amoureux qui, le soir, s'y donnent rendez-vous.

Peut-être le cimetière, qui du plateau se déroule en

étages sur le versant accidenté de la montagne, communique-t-il à la promenade Saint-Just une couleur mélancolique? Ce n'est point toutefois l'imagination qui fait que les rochers sur lesquels s'appuient les remparts sont plus sauvages, les murs plus ébréchés qu'ailleurs, qui empêche les oiseaux de chanter sous l'épaisse verdure des ormes !

On y rencontre rarement les petits rentiers, qui un parapluie sous le bras, sont les seuls êtres animés des promenades voisines.

Pour ceux qui n'ont pas abusé des passions, la vie se prolonge sur la montagne de Laon, si escarpée que les épidémies semblent ne pouvoir y grimper. A chacun de mes voyages, je retrouve de petits vieillards proprets, en houppelande, la tête couverte d'une perruque, que déjà en 1830 je voyais avec les mêmes allures, les mêmes habits, et portant sous le bras le même grand parapluie et sur la tête la même perruque. D'habitude ils se promènent seuls, arpentant la montagne, la jambe sèche, le teint coloré : quelquefois on les rencontre deux sur un banc de pierre, faisant des trous en terre avec la pointe de leurs grands parapluies et coupant ce travail par des conversations sur le beau temps.

La province a marqué de son cachet ces petits rentiers, ces anciens officiers, ces marchands retirés qui trouvent le bonheur dans l'habitude et se sentent vivre quand tant de gens inquiets s'agitent et se jettent dans le tourbillon des vains plaisirs. Que sont les spectacles et les toiles d'Opéra en regard des décors sans cesse renouvelés que la nature déroule pour ces vieillards?

Je pense à mon père, qui, lui aussi, fut longtemps l'hôte de ces promenades; mais il ne ressemblait en rien à ces bonshommes si tranquilles. Une flamme active était son partage. Sans cesse pensant et monologuant, cherchant à calmer la pensée par l'agitation du corps, n'ayant pas trouvé dans la petite ville carrière à son imagination, trop sincère pour vivre au milieu des hommes, mon père, vers l'âge de quarante ans, s'était jeté dans les bras de la nature.

— Viens voir ma salle de spectacle, disait-il, en m'entraînant au bas de la montagne. La salle de spectacle était un grand pré vert entouré de peupliers.

Jules César, dans ses *Commentaires*, parle de Gaulois curieux, avides de savoir ce qui se passe à l'étranger, interrogeant chacun. — Quelles nouvelles? — Que se passe-t-il dans le monde? — Quoi, vous arrivez du dehors et vous ne savez rien! — A quoi êtes-vous bon?

Mon père ressemblait à ces anciens Gaulois : curieux, questionneur, il voulait tout savoir, tout connaître. A peine assis pendant cinq minutes dans un wagon, il eût certainement connu l'histoire de tous les voyageurs.

Un archéologue de mes amis était venu un jour à Laon pour étudier la cathédrale.

— J'ai rencontré au pied de la montagne, me dit-il, un vieillard à qui je demandai la route la plus courte, et qui en échange a voulu savoir quels motifs m'appelaient dans la ville, qui j'étais, le lieu de ma naissance, le nombre de mes enfants... Est-ce que tous vos gens de Laon sont aussi curieux?... Mais voilà l'homme! s'écrie l'érudit, en apercevant mon père qui, d'un pas alerte, rentrait chez lui avec sa provision de nouvelles.

Une sorte d'occupation pour cette nature condamnée à broyer à vide ses pensées.

Discuteur politique intrépide, mon père tenait pour *l'ordre* sous tous les gouvernements. Il chanta le règne de Charles X, prêta son concours aux d'Orléans; seule la République de 1848 ne le comptait pas parmi ses enthousiastes. Mais que la bourgeoisie est variable !

Comme la plupart des enfants d'un pays qui subit l'invasion de 1814, mon père, sans professer un culte excessif pour Napoléon, n'en était pas moins bonapartiste. Vers la fin de sa vie, fort occupé à rimer, quoique le signe brûlant de la poésie n'apparaisse pas dans ses brochures, mon père célébrait en vers l'élection du Président, s'insurgeait contre les partisans de Cavaignac et s'emportait contre ceux qu'il soupçonnait d'être hostiles à l'Empire. Un jour que la politique était sur le tapis : — Je deviens vieux, me dit mon père ; avant de mourir je voudrais voir autre chose.

Tel est le bourgeois, tels sont la plupart des conservateurs et défenseurs des dynasties, qu'ils soient légitimistes, orléanistes ou napoléoniens. Une moyenne de dix ans écoulée, le bourgeois « ami de l'ordre » se fatigue de la forme gouvernementale : il désire voir *autre chose !*

Je voudrais peindre mieux encore mon père et sa mobile humeur. Curieux de tout savoir, avide de lectures, clignant d'un œil sceptique à chaque événement, méprisant l'opinion des masses, absolu dans ses jugements, dominé par les nerfs, la parole brève, se plaisant dans la société des femmes, ayant conservé dans la vieillesse la verdeur de l'âge mûr, affichant nettement son opinion sur toutes choses sans s'inquiéter du rang de son interlocuteur, et son humeur capricieuse éclatait d'autant plus qu'elle se sentait comprimée, nature vivace à laquelle il fallait l'air de la montagne, s'emportant à la moindre contradiction, fier de sa personnalité et ne prenant pas à tâche de la déguiser, mon père, dans d'autres milieux, fût devenu un homme remarquable : la province l'étouffa.

Malgré une certaine insouciance paternelle, dont j'ai porté la peine, je me rappelle avec émotion cet honnête homme, laborieux, ami du bien, que l'injustice mit hors d'état de rattacher les fils d'une vie brisée.

Philosophe bourgeois, n'aspirant ni aux biens ni aux

honneurs, regardant de tout temps la mort avec assurance, le *vieux Picard* (ce fut son pseudonyme de poète), repose aujourd'hui dans le cimetière Saint-Just, dont il visitait volontiers les versants, trouvant, disait-il, la place bonne pour voir passer, du fond de sa tombe, le chemin de fer!

VII

SINGULIERE ÉDUCATION

Toute la vie l'imprévu fut à peu près mon seul maître ; il joua surtout un grand rôle dans ma jeunesse en ce qui touche particulièrement à l'éducation : encore enfant, je fus affamé de lectures à la diable, sans ordre ni méthode, attiré par toute chose imprimée. N'ayant guère appris régulièrement que la lecture, l'orthographe et la musique, le reste entra par aventure dans mon cerveau et s'y logea Dieu sait comme.

Si j'excepte ma mère d'une douce, mélancolique et affectueuse physionomie, tous mes parents étaient âgés, bizarres, ne quittant pas leurs fauteuils et appartenant par leurs costumes à d'autres époques. Des chambres de ces vieillards s'échappaient de singuliers parfums des quatre-fleurs, tièdes et pharmaceutiques ; tout bruit à l'intérieur étant exclus, j'en profitais pour courir dans de grands jardins dont les arbres et les plantes poussaient à leur fantaisie, pour arpenter du haut en bas de vastes maisons dont les corridors n'étaient animés que par des profils en pastel de dames et de messieurs d'anciennes générations qui se regardaient sans rire, avec des perruques monumentales et des chignons traversés par de longues aiguilles à tricoter. Après avoir donné un coup d'œil aux lèvres pincées de ces grands parents majestueux, j'avais soif de fréquenter des êtres moins imposants et on me trouvait plus souvent à la cuisine qu'au salon.

Ce qui m'attirait particulièrement près de la cuisinière était deux volumes dépareillés d'un *Gil Blas* crasseux, mais orné de barbares figures. Dans quelle émotion me plongeaient la caverne, le capitaine Rolando et la vieille Barbara !

Singulière révélation d'un beau livre ! Je ne peux relire aujourd'hui *Gil Blas* sans les émotions du passé ; mais il me faut les décors du temps, c'est-à-dire la même édition, la même reliure et les mêmes abominables gravures.

En furetant dans la bibliothèque de mon père, je tombai sur un Molière que vers l'âge de sept ans, je lus et relus et que j'allai réciter à ma mère avec des joies sans pareilles.

Les Fourberies de Scapin, la cérémonie du *Malade imaginaire* me transportaient dans un monde idéal de coups de bâton, aussi merveilleux pour moi que le paradis. — Allons, fou ! disait ma mère, dont la gravité maladive ne pourrait être rendue que par certains portraits ascétiques de Philippe de Champagne ; mais je n'en continuais pas moins ma lecture et je donnais sans doute un accent si particulièrement grotesque à l'interprétation de ces « divertissements », que mon entrain amenait un pâle sourire sur les lèvres de ma mère.

Aux comédies de Molière il faut joindre *les Contes* de Perrault, les *Mille et une nuits*, *Robinson*, *les Voyages de Gulliver*, *Don Quichotte*, qui formèrent le fonds de mes lectures d'enfance. Ce fut le plus clair de mon éducation.

Il se glissa bien au milieu de ces chefs-d'œuvre une certaine quantité de romans médiocres ; mais les mauvais livres n'ont pas sur le cerveau l'action malsaine que chaque année, à la Chambre, de graves orateurs se plaisent à leur attribuer.

Deux cabinets de lecture tout entiers s'engouffrèrent en moi sans étouffer les sensations produites par Molière, Cervantes, Perrault, Swift et de Foë (1).

---

(1) Les publications dites *dangereuses* troublent seules les esprits mal conformés, que ne saurait redresser *La vie dévote* de François de Sales.

Aux rares heures où les soins de son ménage lui laissaient quelques loisirs, ma mère feuilletait volontiers les pages d'un La Bruyère qui ne quittait guère son panier à ouvrage ; je reculai longtemps devant ce livre dont l'enfant ne peut comprendre le sens. Il faut avoir souffert pour goûter le mysanthrope qui a recouvert les froissements de son cœur d'une phrase étoffée, semblable aux portraits du temps.

Mon père me donna l'hiver quelques leçons : j'écrivais sous sa dictée divers passages des bons auteurs. Si cet enseignement avait continué, j'aurais pu tout apprendre. Ces exercices furent abandonnés, je ne sais pourquoi, et mon instruction fut enrayée.

Il est présumable qu'un mauvais enseignement de mes professeurs développa au collége une indiscipline que ni menaces, ni *pensums,* ni corrections ne pouvaient vaincre. Mathématiques, latin, grec, autant d'objets de terreur ! Un condamné à mort qui aperçoit l'échafaud n'offre pas un état de prostration plus complet que celui où je tombais quand, appelé par le professeur devant un sinistre tableau noir, je me trouvais en face d'une formule algébrique.

La musique prit la place de l'instruction classique : familiarisé tout jeune avec les aridités du solfége, je chantais dans les églises ; au dehors je soufflais dans toute sorte d'instruments. C'en fut assez pour m'enlever les nombreuses punitions que mon inaptitude en grec, en latin et en mathématiques m'attirait journellement.

A combien d'embarras dans la vie est exposé un être timide ! Mes études furent arrêtées en outre, dès la classe de sixième, par la disparition de mes grammaires et de mes dictionnaires dont un de mes camarades, qui garda constamment l'anonyme, se chargea de me débarrasser : je n'osai avouer cette perte à mon père et je me trouvai dans la situation d'un menuisier chargé de raboter une planche sans outils.

Privé des livres indispensables à la confection des thèmes et des versions, j'en étais réduit à feuilleter à la hâte les dictionnaires de mes voisins ; mais le besoin incessant qu'ils avaient de s'en servir fit que l'impossibilité d'accomplir ma tâche m'enfonça dans une paresse extrême.

J'avais un compagnon, externe comme moi, et presqu'aussi insouciant que moi. Plus ouvert toutefois aux aridités mathématiques, il me venait en aide, arrivait d'habitude un quart-d'heure avant l'ouverture des classes, sur la promenade, vers un gros arbre dans les branches duquel il me trouvait juché, et il m'expliquait d'une façon quelconque les problèmes de la composition du jour, afin que je pusse présenter au professeur une page écrite.

Virgile détermina la catastrophe : *Tityre, tu patulæ recubans* fut ma ruine. En vertu de quelle loi il fallait scander les vers latins d'une certaine manière, c'est ce que mon cerveau se refusait à concevoir. *Brèves, longues, césure, élisions,* autant de mots de cabale. Les ×, les =, les ∷, les *sinus* et les *cosinus* géométriques ne me semblaient pas plus rébarbatifs que les églogues dont la douceur était cachée par cette damnée prosodie !

Certainement, le pédant ne savait pas présenter dépouillé de sa cire le miel virgilien que je regrette aujourd'hui de ne pas avoir savouré dans ma jeunesse.

VIII

LE BILLARD DE LA CITADELLE

Cette forteresse que la guerre de 1870 a rendue célèbre ne ressemblait en rien, au commencement du règne de Louis-Philippe, à l'ouvrage régulier que le génie éleva plus tard en vue de former une pointe menaçante sur la vallée, de commander les Ardennes à dix lieues et de défendre Paris en même temps que Laon.

La citadelle, en 1830, se composait de murailles démantelées contre lesquelles de pauvres gens avaient adossé des toits et divers matériaux de démolition pour y loger leurs familles. A quelques pas de la porte de la Plaine promenade qui longe les anciens murs des fortifications, deux choses étaient remarquables : une sorte de bastion élevé avec une unique petite fenêtre protégée contre le soleil par des persiennes vertes, et un personnage habillé d'une grande robe de molleton blanc qui, accoudé à la fenêtre du bastion situé au milieu de son jardin, ne se doutait guère que la couleur blanche de son vêtement servît de signal aux collégiens, car l'étoffe s'apercevant de loin avertissait les maraudeurs de ne pas escalader à cette heure les murs d'un endroit réputé par ses plantureux mûriers.

Une promenade, plantée de plusieurs rangées d'ormes, s'étendait parallèlement à la porte de la citadelle, à laquelle on arrivait par une chaussée bordée de murs formant pont au-dessus d'un fossé profond appelé le Jeu-de-Paume ; mais le gazon épais qui tapissait cet endroit indiquait que depuis longtemps les amateurs de la paume avaient renoncé à cet exercice.

Il n'en était pas de même d'un autre jeu, qui faisait les délices des collégiens assez favorisés de la fortune pour s'y livrer.

Près de la porte d'entrée de l'ancienne citadelle s'élevait un long bâtiment dont les fondations, plongeant dans le fossé du Jeu-de-Paume, portaient des murs qui pouvaient remonter à la fin du dernier siècle.

Cette bâtisse, dite maison Lallemand, communiquait à la chaussée de la citadelle par un corridor en plein air, dallé de fragments d'anciennes pierres tombales ornementées, dont le passage, long et étroit, était rendu encore plus difficile par de vieilles grilles de fer ouvragé, entassées les unes sur les autres, offrant un aspect d'entrecroisement et de fouillis qui plaît particulièrement aux enfants; mais cette passerelle n'était rien auprès du corridor qui faisait suite. Là étaient accumulés les débris de menuiserie de vingt châteaux peut-être, témoignages réels de ces « lambris dorés » dont ont abusé les poètes ; les toiles d'araignée logées dans les moulures donnaient plus d'é-, a encore à l'or qui brillait par places.

Personne n'apparaissait à l'intérieur de la maison de la citadelle; on n'y entendait pas voix humaine, et c'était avec une impression de recueillement qu'un collégien timide arrivait, en compagnie d'un hardi compagnon, au pied d'un escalier boiteux et branlant qui faisait contraste avec les merveilles du premier étage.

Qui me conduisit pour la première fois dans cet endroit, je ne saurais le dire. Il est certain que la salle du premier étage me parut sans comparaison avec tout ce que j'avais vu jusqu'alors.

Aux murs étaient accrochés des lambeaux d'anciennes tentures de château représentant des intérieurs de forêt et des scènes de chasse ; ces « verdures » sur toile, en usage avant la vulgarisation du papier peint, étaient ployées plutôt qu'adaptées à des carcasses de boiseries vermoulues, empilées contre les murailles de l'appartement. Des dessus de porte affichant des bergerades galantes dans le goût de Lancret tranchaient vivement sur le tout par des rehauts de vermillon dontle peintre avait été prodigue. Par endroits se remarquaient également divers morceaux de sculpture, des têtes d'anges avec des collerettes de nuages provenant d'anciennes chapelles; mais cette décoration n'était que le cadre de l'important monument installé au milieu de la salle.

Qu'on imagine une immense armoire trapue de vieux chêne reposant à plat sur le plancher, et qui semblait assez lourde pour l'enfoncer. Dans cette considérable armoire, fermée de tous côtés, on eût pu loger une patrouille de cavalerie. Aux quatre coins intérieurs étaient quatre grands trous, formant rigole, qui communiquaient à quatre filets à jour, placés là comme pour la chasse au furet. La ressemblance était d'autant plus grande, qu'un tapis vert, qui recouvrait le dessus de l'armoire, faisait penser aux gazons râpés avoisinant les terriers de lapins.

Ce meuble colossal était un billard, mot magique qui entre aisément dans l'oreille des collégiens et s'y loge plus facilement qu'un vers de Virgile.

— Je te mènerai jouer au billard de la citadelle, m'avait dit un de mes camarades, fort aventureux.

Ce mot, *billard de la citadelle*, prenait un caractère d'autant plus mystérieux que mon compagnon avait ajouté :

— Surtout, n'en parle à personne !

Ainsi, c'était un plaisir défendu et mystérieux que d'enfiler les corridors de la maison Lallemand, et rien ne répondait plus à cette impression que le monument assez grand pour contenir l'arche de Noé.

Quand je songe à ce billard majestueux, il me semble que seul Louis XIV eût été digne d'y faire la partie avec son favori Chamillard.

Ai-je dit que le billard des Lallemand n'avait pas de pieds? Il était revêtu, dans toute sa hauteur, de solides panneaux qui n'empêchaient pas toutefois de percevoir de singuliers bruits : évidemment une armée de rats, en possession de l'intérieur, s'y livrait à des exercices aussi bruyants que ceux des collégiens.

Je regardais avec stupeur cette salle par les fenêtres de laquelle entrait à regret un jour verdâtre, la poussière, l'humidité, les mouches, les araignées et les hirondelles ayant déposé sur les vitres le guano particulier aux ouvertures des endroits inhabités. Tout était mystère et pénombre dans l'appartement, bourré jusqu'au plafond de bois de fauteuils, de paravents crevés, de bergères et de canapés dont un velours d'Utrecht pisseux laissait échapper des touffes de crin semblables à des chevelures fantastiques de gnomes.

Rien ne remuait dans cette immense pièce lorsque tout à coup tombèrent sur le billard, comme les pommes lancées par Atalante, deux grosses boules d'ivoire jaunissant; mais le plus merveilleux fut le jet d'une troisième boule d'un rouge carmin qui, détachée de l'arbre du jardin des Hespérides, ne m'eût pas causé une plus vive émotion.

Cloué par la surprise au milieu de l'appartement, j'eusse attribué la trajection de ces boules à une puissance surnaturelle, si d'un vieux fauteuil une voix éraillée n'eût glapi :

— La partie commence!

Tout ce que j'avais vu jusque-là n'était rien en comparaison d'une petite vieille, ou plutôt d'un paquet de chiffons d'où se détachaient dix mille rides, un menton de galoche et un nez lui-même de galoche.

Le fauteuil à oreillettes, la vieille, d'anciennes étoffes superposées sur le dos du meuble ne faisaient qu'un.

Le temps les avait marqués du même glacis.

C'était Mlle Lallemand, qu'au premier aspect il était permis de prendre pour une sorcière.

Elle tenait à la main un bâton excessivement allongé, qui atteignait les solives du plafond. Comme j'étais plongé dans l'extase par cette succession d'impressions, à deux reprises le bâton fit retentir le parquet, accompagnant une voix de crécelle qui répétait :

— La partie commence!

L'ami qui m'avait introduit dans cet endroit, prit deux gaules immenses de vieux chêne posées contre le mur et m'en mit une dans les bras, me laissant aussi embarrassé que s'il m'avait fallu combattre, lance en main, contre un chevalier armé de toutes pièces.

Cette perche était la queue; mais elle n'offrait guère plus de réssemblance avec la queue légère des billards modernes qu'un enfant au maillot avec un tambour-major.

De tels engins lourds, épais, massifs et sans flexibilité éloignaient à une longue portée le joueur du billard. Naturellement on n'employait que la *masse*, et quoiqu'il ne s'agît que de *jouer au même*, c'est-à-dire de lancer une bille contre une autre pour la loger dans l'antre appelé *blouse*, je faisais preuve sans doute d'une singulière gaucherie en manœuvrant cette queue sur le tapis vert, car la même voix de chouette éraillée qui avait ordonné le commencement du jeu s'écria :

— La houlette! la houlette!

Mon ami, qui avait déjà quelque teinture du jeu et connaissait la langue de l'établissement, m'enleva la lourde perche dont je me servais si maladroitement et me tendit un instrument plus en rapport avec mon innocence. C'était un bâton recourbé à l'extrémité, en forme de pelle à feu, et dont le bois, posé à plat sur le tapis, devait empêcher d'ajouter une déchirure nouvelle aux anciens accrocs raccommodés avec du fil blanc et déshonorants pour le monument.

A l'aide de cette houlette je devins plus facilement un

berger capable de gouverner le troupeau des billes; aussi quel orgueil s'empara de moi quand j'arrivai à faire tomber une des boules d'ivoire dans la muselière !

En ce moment tout était oublié : le collége, la fatigue (on devait faire trois ou quatre lieues en circulant autour de l'immense meuble), et il fallut la tombée de la nuit pour que mon ami abandonnât la perche, et moi la houlette.

Nécessairement j'avais perdu.

— Paie, me dit mon compagnon.

Ce ne fut pas sans inquiétude que je me demandai quelle somme immense pourrait solder la source de jouissances, qui avait peut-être duré quatre heures.

— Donne-moi un sou, ajouta mon ami.

Un sou ! Je crus qu'il se moquait de moi.

Il alla vers la vieille endormie dans son fauteuil.

— Voilà pour *la* partie, dit mon camarade sans rougir. Et il eut l'effronterie de remettre un sou à Mlle Lallemand, dont la parole faisait règle.

Elle avait dit : *La partie commence!* Mais comme de coutume, le roulement des billes sur les planches sonores du billard avait déterminé l'assoupissement de la vieille demoiselle, et les joueurs eussent pu continuer arbitrairement la même partie jusqu'au lendemain, qu'elle n'eût pas réclamé plus de frais.

Avec plus de hardiesse je descendis le noir escalier du billard de la citadelle, et gaîment je repris le chemin de la maison paternelle, sans dire à quel exercice j'avais employé mon après-midi ; mais pendant plusieurs nuits je rêvai de la sorcière, de la houlette, du capharnaüm bizarre où j'avais été introduit, et plus d'une fois je fus réveillé par ce cri : *La partie commence!*

IX

LE PROFESSEUR DE MORALE ATTRAYANTE ET LE PROFESSEUR DE BONNE HUMEUR

Le plaisir que je trouvai à fréquenter la maison Lallemand ne ressemblait en rien aux études peu attrayantes que j'étais censé faire dans le sinistre *collegium*, aux grandes salles tristes, aux vastes cours arides.

Il est des lieux dont, à l'âge d'homme, on aime à revoir les murs : je passe encore aujourd'hui, tête basse, devant la façade du collége de Laon, qui n'évoque à mon esprit que le froid, les vols, les pensums et divers châtiments sans profit pour l'instruction. Les professeurs m'apparaissent ridicules et grotesques, l'antiquité haïssable, la science ardue et caco-démoniaque. Pas un souvenir agréable n'est attaché à ces hautes murailles ! Le latin est resté, pour moi, une consternation et je préférerais déchiffrer les hiéroglyphes d'un obélisque plutôt que du grec. Rien de fécondant n'est entré dans mon esprit pendant les années de collége : le peu que j'ai appris depuis vient de la volonté et de l'indépendance.

Avec de gros pieds perdus dans d'énormes bottes et un nez presque aussi gros que son pied, le cuistre qui dirigeait la classe de sixième m'inspira une telle haine pour les vers latins que je l'ai conservée longtemps contre la poésie française. Je devins facilement un détestable élève, et comme un jour le pédant voulut m'inculquer la mesure des vers de Virgile en prenant celle de mes oreilles, je lui jetai mon encrier à la tête et m'enfuis à jamais du collége.

L'enseignement était-il mauvais ou les professeurs avaient-ils affaire à une nature particulièrement indisciplinable? J'estime que la faute vint de l'enseignement, que diverses circonstances en développèrent le fâcheux côté, qu'un certain laisser-aller d'un père absorbé par ses travaux favorisa mon insouciance et que sans doute l'éducation en commun, nécessaire à la plupart des enfants, eut dû être modifiée par des leçons paternelles.

On s'imagina que l'aptitude me manquait pour les études classiques et que l'instruction primaire était suffisante pour un garçon si rebelle. Débarrassé du grec et du latin, je passai sous la toise de divers professeurs dont les deux derniers devaient avoir une vive action sur mon avenir : l'un s'appelait la Morale attrayante, l'autre la Bonne humeur.

Il faut d'abord rendre hommage au professeur de Morale attrayante qui m'ouvrit les portes des lettres, des sciences et des arts, en m'y intéressant tout d'abord par la vue de paysages, de monuments, de ruines, de douces scènes domestiques, la biographie d'hommes illustres qui avaient tiré avec tant d'efforts ce qu'ils avaient de meilleur en eux pour le communiquer à la foule. Ce fut surtout une révélation que la vie tourmentée des écrivains, des inventeurs et des artistes : tout jeune s'infiltraient en moi le respect de la gloire, l'admiration pour la volonté.

N'est-ce pas par suite des leçons du *Magasin pittoresque,* ce professeur aimable, que je suis poussé à écrire ces Mémoires, pour me rendre compte des événements qui ont favorisé mon développement?

Les échappées de cet utile *Magazine* sur l'antiquité, l'histoire, l'archéologie et la science, permettaient à l'ignorant de se donner, en s'amusant, une teinte d'instruction encyclopédique : tel fut le fondement d'une éducation personnelle que, plus tard, je m'efforçai de développer dans le même sens, à l'aide des jalons plantés dans la jeunesse.

Quand ma petite bourse le permettait, je courais au cabinet de lecture et j'en revenais les poches bourrées de volumes *in-douze,* quoique ma mère en défendît l'introduction à la maison (1). Paul de Kock, le professeur de Bonne humeur, était alors classique dans les colléges. Le romancier me divertissait plus encore que Molière, et je trouvais qu'il n'avait pas assez conté de dîners sur l'herbe, de culottes crevées et d'histoires de seringue.

Une force comique considérable, qui fait oublier l'insuffisance de la forme, circule dans l'œuvre du romancier. La jeunesse sent un esprit bienveillant qui excuse ses fautes et insiste particulièrement sur ses qualités; les amoureux de vingt ans y trouvent un miroir qui reflète leur insouciance de la vie, leurs aspirations de plaisirs, leurs attendrissements et leur gaieté.

Plus d'un écrivain en vogue aura disparu du monde de la célébrité avant que soit éteinte la mémoire de ce jovial conteur qui eut en partage la première des qualités littéraires, la santé, alors que la plupart des intelligences de la même époque étaient atteintes de troubles et de défaillances morales. N'est-ce pas un être merveilleusement doué que cet esprit gai qui, seul, échappa à l'influence

---

(1) A cette époque je lus les œuvres de Walter Scott dont l'*Antiquaire* surtout m'est resté dans l'esprit; mais si quelques figures de jeunes filles se détachent poétiquement sur le fond des drames de l'Ecossais, bien plus précises et charmantes l'emportent sur elles les blondes actrices de Le Sage.

épidémique à laquelle n'avait pu se soustraire aucun esprit du siècle ?

Cet enseignement joyeux qu'admettent difficilement les délicats, ne m'empêchait pas de m'intéresser aux courants plus sérieux qui s'échappaient de chaque cahier du *Magasin pittoresque*. Et du professeur de Bonne humeur j'allais au professeur de Morale attrayante avec le même plaisir.

X

LA VILLE DES FLUTES

Une troupe d'opéra-comique qui survint à quelques années de là me permit de mettre mes talents musicaux en lumière. Des chanteurs osaient se confier à un orchestre où douze flûtes, pour le moins, se présentaient audacieusement pour remplacer les clarinettes, les hautbois, les trombones et les contrebasses. Ces flûtes sortaient par enchantement de partout : des bureaux de la poste, des bureaux des contributions directes et indirectes qui mettaient réellement le pauvre directeur à contribution. On en trouvait aussi dans les bureaux de la Recette, qui ne grossissaient guère celles du théâtre. Il y avait des boiteux, des bègues et des borgnes qui jouaient de la flûte. C'était une épidémie.

Laon semblait une école de flûtes comme La Fère est une école d'artillerie.

Lyon est renommé par ses saucissons, Troyes par ses andouilles, Chartres par ses pâtés, Bar par ses confitures, Le Mans par ses chapons, Marolles par ses fromages. L'orchestre du théâtre de Laon pouvait être cité pour ses flûtes dans le *Guide du voyageur en France*. Encore je ne parle pas d'une petite flûte qui remplaçait les premiers violons, en cas d'absence. Et les premiers violons étaient toujours empêchés !

La partie d'alto était confiée à un maître de danse qui gravement jouait de la pochette, émerveillé des sons merveilleux qui s'échappaient de l'étroite poitrine de son instrument. De temps en temps le basson toussottait une pauvre note mélancolique dans un long tuyau efflanqué.

Vaincu par les prières des dilettantes, le curé de Saint-Martin permettait au serpent de l'église de venir cracher quelques graves *prout* dans sa large embouchure d'ivoire. Au pupitre du second violon, un collégien qui ne jouait pas une traître note, ouvrait de grands yeux plongés dans l'admiration que lui causaient les splendides costumes du *Calife de Bagdad* ; aussi le chef d'orchestre lui adjoignait-il deux flûtes de renfort.

Si un commis-voyageur s'oubliait dans les délices du

Café de la Comédie, le directeur du théâtre s'emparait de lui afin d'obtenir quelques notes de ce séduisant cornet à pistons qu'alors la plupart des voyageurs de commerce emportaient dans leurs bagages.

Une gothique et lourde contrebasse, dont le manche contourné offrait une silhouette étrange aux yeux du parterre, reposait inactive dans un carcan de fer ; personne n'en jouait. C'était encore une flûte qui remplaçait la contrebasse.

Singulier orchestre qui donnait plus de mal à conduire qu'une armée.

— « *A vous la flûte!* » était l'unique cri du chef d'orchestre.

Alors tout le bataillon portait le trou aux lèvres, ému d'un tel avertissement. La plupart de ces flûtes n'auraient pu distinguer un dièze d'un bémol ; mais il était économique d'entrer au théâtre sans payer, un étui vert sous le bras.

Quelquefois, honteuses de leur inaction, les flûtes se livraient à divers roucoulements pendant les entr'actes. Quand on ne leur demandait rien, ces vaniteux instrumentistes remplissaient la salle de brillants préludes, pour faire admirer au public leur doigté agile et leur merveilleux coup de langue.

Jaloux, un violon partait alors en arpéges compliqués, se lançait dans des démanchés extravagants, et penchait sa tête vers les *ff* comme s'il eût voulu avaler l'âme de son instrument.

Enlevé à sa torpeur, le serpent tirait des replis du monstre de cuir, appuyé sur ses genoux, de gros vents pleins de brutalité, pendant que glapissait l'orgueilleuse petite flûte qui avait juré de se faire remarquer parmi tous ses camarades.

Les représentations ne se passaient pourtant pas sans quelque mésaventure à l'orchestre. Il arrivait que l'archet du violon se trouvait si étrangement savonné que la colophane du diable n'eût pu prendre sur les crins.

Quelquefois le basson, après avoir empli d'air ses joues, renonçait à le faire circuler dans le tube de l'instrument et une cargaison de bouchons en était tirée par l'amateur effrayé, qui, en démanchant les diverses pièces du basson, cherchait d'où pouvait provenir cette épicerie.

L'une des flûtes avait l'honneur d'appartenir au secrétariat de la Préfecture. C'était merveille de voir «l'amateur» se retourner vers la loge de la préfète, accrocher ses ongles noirs au tuyau d'ébène, avancer des lèvres de lapin et battre des paupières d'une façon tout à fait galante. Il arriva qu'un soir cette flûte voulant, pendant un entr'acte, gratifier la femme du préfet de trilles courtisanesques, s'aperçut avec terreur que l'instrument ne rendait plus aucun son.

A une inquiétude mortelle succéda un profond dégoût, quand une saucisse tout entière fut retirée de l'intérieur de la flûte.

Mânes de Grétry, de Weber, de Méhul, vous étiez vengées !

XI

LA MUNICIPALITÉ

J'allais perdre une partie de ma chère insouciance pour faire mes premiers pas dans la vie. Mon père un matin m'emmena à la mairie, avec l'intention de m'initier à l'emploi qu'il occupait depuis vingt-neuf ans sans trêve ni merci. Il était de ces hommes attachés aux administrations qui s'y donnent tout entiers, subissent le système paperassier sans s'y soumettre, ne rêvent que réformes, se gendarment contre l'à peu près, et non contents du *bien*, poursuivent l'idéal du *mieux*. Aimant la ville, s'inquiétant sans cesse de ses intérêts, d'un dévouement sans bornes au travail, d'une loyauté proverbiale, travaillant la nuit à des rapports qui devaient contribuer à la prospérité de la cité, allant au-devant d'un service à rendre, cet honnête homme marchait à sa ruine. Le destin joue parfois de ces tours à la probité.

Le « franc Picard » commit la maladresse de tenir tête à un nouvel administrateur, jeune et absolu, qui ne se rendait pas compte des besoins de la cité, aussi bien qu'un homme rompu aux affaires. Mon père s'irritait non pas du travail, mais par le travail : parfois son loyal caractère était gouverné par un emportement subit dû à des veilles prolongées (1).

Un soir je quittai la mairie, donnant la main à mon père; nous n'y devions plus rentrer. A la suite d'une discussion avec le nouveau maire, qui prétendait faire plier toute volonté devant la sienne, l'ancien secrétaire de la mairie avait donné sa démission.

Pour la première fois, j'éprouvai une douloureuse sensation en portant à une imprimerie le mémoire par lequel mon père exposait à ses concitoyens les motifs qui le forçaient de quitter son poste après *vingt-neuf ans* de services. Ce chiffre m'est resté depuis cette époque comme la

---

(1) Je note dans les *Mémoires* de Mme Sand le caractère d'un certain *Deschartres*, de Laon, qui n'est pas sans analogie avec celui de mon père. La Picardie donne naissance à ces natures vives, sincères, emportées, naturelles, fermes et franches mais tyrannisées par les nerfs, qui font penser au proverbe breton : « Qui n'est que juste est dur. »

première marque qu'il m'était donné de comprendre de l'injustice des hommes. Pour un trentième de moins dans une existence si honorablement remplie par le travail, mon père se retirait sans fortune, ayant trois enfants à élever; et il ne se trouvait personne parmi ces bourgeois conseillers municipaux pour réclamer en faveur d'un loyal serviteur privé des fruits de son labeur !

Trop fier pour réclamer une modique pension, mon père raya ce passé et dans les moments difficiles qui depuis traversèrent sa vie, jamais je ne lui ai entendu parler du coup qui l'ulcérait non plus que des hommes qui en étaient coupables.

Pour moi, je ne regrettais pas l'administration. Les questions de grande et de petite voirie, le classement des billets de logement des troupes en passage, les transcriptions des crédits municipaux, les prestations en nature, les débats d'expropriation pour cause d'utilité publique, ceux relatifs au *commodo vel incommodo*, manquaient d'attraits pour moi et ne m'attachaient pas singulièrement à la chose municipale.

L'injustice qui venait de frapper mon père non plus ne me donnait pas un respect considérable pour la bourgeoisie au pouvoir, et quoique je ne fusse pas d'âge à comprendre encore les soucis qui rongent le cœur d'une mère, je sentais qu'elle ne m'accueillait plus avec les mêmes sourires.

Souvent ses yeux étaient voilés de larmes ; elle les

essuyait précipitamment à mon arrivée et cherchait à me donner le change. Mais son cœur était brisé ! Le malheur qui entre dans une maison amène à sa suite de nombreux compagnons.

Par sa nature réfléchie, ma mère devait s'exagérer le désastre. Bonne, tendre, active, dévouée, allant au-devant de mes moindres désirs, pour me distraire elle me chantait d'anciens airs d'opéras-comiques, ou écoutait avec patience mes lectures quand je descendais de ma petite chambre, poussé par le désir de répandre autour de moi les détails comiques que j'avais trouvés dans un livre. Ces joies innocentes furent désormais voilées par une mélancolie particulière.

Ma mère menait une sorte d'existence à la flamande. Occupée sans cesse de travaux à l'aiguille, levant à peine les yeux, bâtissant des ouvrages de fée avec la patience d'une fourmi, ma mère n'abandonnait ses broderies que pour réparer les brèches de mes habits.

Libre de mon temps et de mes actions, j'étais devenu l'âme de complots terribles contre la propriété. Une guerre à mort avait été déclarée à toutes les maisons bourgeoises. Une servante s'attardait en causant avec une compagne à poser un volet pour fermer une boutique, le volet disparaissait : un tonneau vide stationnait le soir à la porte d'un épicier, le tonneau s'évanouissait. Toute enseigne qui formait angle avec la façade d'un magasin était condamnée à la destruction. J'étais devenu le conservateur d'un musée iconoclastique que chaque jour des mains audacieuses enrichissaient de plats-à-barbe de cuivre, de sonnettes et de marteaux de porte. Les tables du marché roulaient comme par enchantement au bas de la montagne. Une fissure dans un mur amenait un trou : le lendemain le trou devenait béant ; deux jours après un régiment de cavalerie eût passé par la brèche.

Singulière manie de destruction dont est affolée la jeunesse! Nous aurions fait, mes amis et moi, une ruine de la ville, si la police ne se fût inquiétée de ces dévastations.

Comment se fit-il qu'un enfant qui jusque-là n'avait guères songé qu'à décrocher des réverbères, prit tout à coup une ferme résolution? L'homme est gouverné par certains instincts qui le conduisent là et non ailleurs et le lancent au cœur de la vie réelle sans réflexions apparentes.

Par l'ensemble de la vie de mon père, il m'est démontré que cette intelligence déraillée ne connut plus la volonté. L'injustice avait brisé le grand ressort.

— Que fera-t-on de toi, pauvre enfant? s'écriait souvent ma mère en pleurant.

Devant ces larmes s'enfuirent ma légèreté et mon insouciance. A diverses reprises il avait été question de me placer chez un banquier, chez un avoué, chez un architecte : projets aussi vite abandonnés que formés. Je n'avais ni penchants, ni répulsion pour ces diverses professions et pourtant mon père ne se décidait à rien.

J'avais fini, lisant sans cesse, par dévorer complétement les deux cabinets de lecture de la ville. Une idée me traversa l'esprit. Entrer chez un libraire, à Paris! On devait y lire toute la journée. Ma soif de lecture s'augmentait : lire et toujours lire, tel était mon rêve. J'entrevoyais un immense magasin de librairie où jusqu'à la fin des siècles je lirais sans cesse des livres nouveaux. C'était une idée fixe, et pourtant je n'osais m'en ouvrir à ma mère.

Un voyage à Paris était à cette époque une affaire si extraordinaire qu'il m'en eût trop coûté de voir mes rêves brisés par un refus. Cependant l'aspiration gagnant du terrain me poussa à m'enfuir sans prévenir personne.

XII

DEBURAU

Le lendemain soir, sans perdre de temps, en plein été de 1843, j'assistais à une représentation des Funambules où le hasard seul ne m'avait pas conduit.

Une troupe de comédiens courant la province était venue l'année précédente à Laon jouer des pantomimes dans « le genre anglais ». Une révélation et un mystère que ces représentations où la parole était remplacée par des soufflets et des coups de bâton. Quelle magie et quel enchantement ! Arlequin à lui seul me faisait rêver. Son habit bariolé, la souplesse de ses membres et surtout son singulier masque, je n'avais pas assez de deux yeux pour les regarder. Une pantomime, *ma mère l'Oie,* prit place dans la case où étaient rangés les souvenirs de Molière, de Swift, et d'Hoffmann.

Quelque temps après, deux petits volumes me tombèrent sous la main : *Deburau,* par Jules Janin, qui m'ouvrirent les portes du sanctuaire de la pantomime. Le livre me donna le secret de ce théâtre plein d'agitation et de calme, où plus d'un grand esprit allait jadis se reposer de la fatigue des vaines paroles.

Ce que m'avaient fait pressentir le texte et les vignettes, la vue de Deburau le compléta.

C'était réellement, toute question de mode mise à part, une nature comique d'élite, remarquable surtout par une exquise finesse et une extrême sobriété de gestes.

Ils sont rares les comédiens français qui ne veulent pas attirer de force les applaudissements de la foule. Deburau avait dû lutter de longues années avant de faire accepter du public ce jeu discret et ce clignement d'œil particulier avec lequel il eût fait comprendre en-pantomime les œuvres de Swedenborg.

Il n'emplissait pas le théâtre de ses gesticulations pour « chauffer » une scène; jamais il ne se posait académiquement pour faire admirer une intention. Loin d'apporter l'importance fatigante de ces comédiens qui soulignent chacun de leurs gestes, Deburau sur les planches agissait comme dans la vie réelle et se persuadait qu'il accomplissait des actes habituels. Il était naturel et convaincu. Qu'on joigne à cette conviction l'amour qu'il portait à son public qui le lui rendait centuplé, la confiance qu'il puisait dans les courants sympathiques qui franchissent la rampe et on aura une idée de la certitude avec laquelle le mime pouvait tout oser, recouvrant ses bizarreries et ses audaces d'une délicatesse qui écartait toute grossièreté.

Une telle nature exerçait une vive influence sur les gens qui lui apportaient des canevas. A l'aide du geste, Deburau brodait mille dessins capricieux qui faisaient oublier le peu de valeur de l'étoffe.

Certains comédiens à la mode sont atteints de la manie dictatoriale à laquelle sont obligés de plier les auteurs dramatiques ; sur les planches de ce théâtre à quatre sous où trônait la libre fantaisie, Deburau ne succomba pas à cet appât de part de lion : s'il taillait en plein drap, il donnait de bonnes rognures aux camarades qui s'associaient complaisamment à ses imaginations singulières ; et tous puisaient dans l'honneur de recevoir des leçons d'un tel homme, un orgueil et une soumission absolue.

La passion fait les véritables acteurs. Une vie difficile, un appareil nerveux délicat sont les meilleurs maîtres. Deburau étudia à cette école. Il conquit la plus rare des qualités, l'exquise simplicité, cette fleur dont les natures vulgaires ne connaissent pas le parfum.

4.

De tout art jaillit un enseignement. La simplicité du mime me frappa comme les charmantes déductions qu'un Haydn tire d'un thème de quelques phrases. La musique, la peinture, l'art dramatique valent une grammaire et l'écrivain y puise des leçons qui valent bien celles des traités d'esthétique.

XIII

AUTRE COMÉDIEN

Le lendemain de ce gai spectacle, le hasard me conduisit dans un taudis où donnait des représentations l'abbé Châtel; mais l'écurie du faubourg Saint-Martin, qui servait de temple au nouveau culte, ne me séduisit pas. J'avais trop présentes à la mémoire les cérémonies de la Fête-Dieu, les vieilles tapisseries masquant les portes, les tentures blanches ornées de feuillage recouvrant les murs, les rues jonchées de coquelicots et de bleuets, les feuilles de roses traversant la fumée de l'encens pour retomber sur la tête des fidèles.

Quoi qu'il arrive plus tard, ces fêtes ne s'oublient pas. En province, pendant huit jours, chacun travaille aux reposoirs : les garçons et les filles, les mères et les vieillards. Les uns se font charpentiers, les autres tapissiers ; ceux-ci tressent des couronnes de verdure, celles-là des guirlandes. Le jour de la Fête-Dieu, de grand matin tous partent aux champs : c'est à qui ramassera la plus grosse gerbée de fleurs pour semer sur le passage de la procession. Les pauvres cachent les fenêtres de leurs mansardes avec des linges blancs rehaussés de bouquets de roses. Les scènes bibliques, d'après les cartons des maîtres, se déroulent à la porte des riches sur de belles tapisseries. Sous un dais en velours, le prêtre porte la croix ; les jeunes filles habillées de blanc chantent des cantiques et les enfants de chœur tirent de grandes mannes garnies de dentelles, des gerbes de fleurs qui sillonnent l'air.

Le souvenir de ces chants, de ces parfums, de ce printemps, me faisait trouver horrible l'écurie dont le méchant autel ne se soutenait que par les mêmes quêtes tant reprochées aux catholiques par l'abbé Châtel.

Il y a dans la sonore et mystérieuse langue latine, dans l'ampleur du chant grégorien une majesté qui emplit le cœur. Le français misérable des Eucologes de l'abbé Châtel fait pitié.

Je sortis emportant de cette messe un sentiment pénible.

La vieille cathédrale de Laon se représentait à mes yeux :

en entrant dans l'église-hangar du faubourg Saint-Martin dont la porte était masquée par un mauvais calicot rouge, on croyait pénétrer dans la baraque d'un phoque apprivoisé.

Comédien pour comédien, Deburau était plus amusant...

XIV

LA LIBRAIRIE

Quelques jours plus tard, un parent chez lequel je m'étais réfugié, me conduisit chez un gros libraire du quai des Augustins; mais dès mon entrée dans le magasin, la désillusion fut complète. Ayant été présenté comme un jeune garçon qui aimait passionnément la lecture : — On ne lit jamais chez moi, dit le libraire d'un ton bourru.

Si la liberté parisienne ne me fût apparue avec le masque de Deburau dans un lointain rayonnement, peut-être eussé-je repris immédiatement la route de ma province. Pourtant je me demandais avec étonnement ce qu'on faisait dans ce singulier commerce, si on ne lisait pas les livres.

On les portait sur le dos, je l'appris trop vite.

La maison où j'entrais avait pour enseigne « Librairie de commission »; en effet, les malheureux employés n'étaient que de simples commissionnaires.

Pour me former, on me donna, le même jour, un gros paquet à porter aux Messageries, et le garçon de magasin ayant placé sur mon dos ce qu'il appelait le *baluchon*, je partis, la tête basse, écrasé sous son poids. Je n'avais pas franchi les premières marches du Pont-Neuf, que je laissai tomber le paquet sur le parapet, me demandant, les larmes aux yeux, comment j'arriverais à la rue du Bouloi avec un si lourd fardeau.

Qu'on s'imagine un enfant, gâté jusque-là, de frêle complexion, et dont on charge les épaules d'un paquet de cinquante kilogrammes : du moins estimai-je à ce poids l'horrible *baluchon*.

La vue des allant et venant sur le Pont-Neuf me rendit quelque courage. Sur cette grande artère qui sépare les deux rives, circule l'activité parisienne. Les gens alertes chargés de fardeaux, les gamins attelés à des charrettes, me firent rougir de moi-même. Hissant, à l'aide d'un passant, mon paquet sur l'épaule, me reposant tous les dix pas, demandant ma route à chaque coin de rue, j'arrivai enfin aux Messageries, d'où je revins, fier de moi-même, les chagrins à peu près envolés.

C'était, à cette époque, une librairie de commission considérable que la maison Edouard Legrand et Bergounioux, successeurs de la veuve Béchet.

Au bout de quelques mois, je fus initié aux rouages de la librairie, car déjà j'avais été chargé d'acheter des ouvrages de toute nature; livres classiques et livres de science, livres de droit et de médecine, livres de théologie et livres licencieux, livres utiles et livres inutiles. Je les lisais à peu près comme se nourrissent les gens qui sont chargés de gaver les pigeons au marché de la Vallée. Tous ces ouvrages me passaient par les mains comme le millet passe par la bouche des nourrisseurs avant d'entrer dans le bec des pigeons.

Un commis libraire n'a guère besoin que de mémoire et de jambes; mais quelle mémoire et quelles jambes! Tous les livres publiés depuis une vingtaine d'années, tous ceux qui paraissaient, devaient s'accrocher au cerveau, au moins par grandes divisions, et Paris entier devait être arpenté dans la journée, car la librairie n'est pas seulement circonscrite dans le faubourg Saint-Germain, au Palais-Royal et aux boulevards : il existe des éditeurs au Marais et au faubourg Saint-Honoré, à Montmartre et à Montrouge, à la Bastille et à l'Arc-de-l'Étoile. Combien de livres vendus « chez l'auteur » qui n'en vend pas beaucoup, mais dont la recherche, dans les divers coins de Paris, exerce les jambes des commis libraires !

La lecture des catalogues, vers huit heures du soir, nous

servait de délassement et de repos. Il fallait se fixer dans la mémoire des milliers de titres de livres, retenir non-seulement le nom de l'éditeur, mais l'année de la publication, le prix de vente et la remise d'usage.

Un petit cabinet à rideaux verts, protégé par des fils de cuivre, était le tribunal suprême où siégeait le patron. Un teneur de livres qui ne quittait pas la maison, un chef de commission qui dépouillait chaque matin la correspondance et taillait nos courses; un garçon de magasin, qui empaquetait les livres pour la province; une douzaine de commis, dont l'intelligence principale résidait dans les jambes, tel était le personnel de la maison. Mais nous étions deux qui nous entendions par un certain instinct des lettres et des arts.

A cette librairie était attaché un jeune homme, nommé Chintreuil, qui devait, après des combats sans nombre contre la pauvreté, devenir le peintre des brumes et des rosées. Peut-être entrevoyait-il déjà les bruyères dans la plaine, les genêts sauvages, les maisons solitaires sur la lisière des grands bois! Aussi combien lui pesaient les abominables ballots sur les épaules, et les courses haletantes dans cet immense Paris!

Jetés dans la librairie par accident, recueillant de leurs fatigues, aussi dures que celles d'un cheval de fiacre, des appointements dérisoires, la plupart de ces jeunes gens ne pressentaient pas d'avenir dans la maison de commission.

Seul, un méridional, nommé Fortoul, profitait de sa situation pour essayer de servir de trait d'union entre le public et son parent, Fortoul l'écrivain.

Les Grandeurs de la vie privée, par M. Hippolyte Fortoul, venaient de paraître chez l'éditeur Gosselin ; tout d'abord, ce roman grave fut regardé comme un honteux *rossignol.* On appelle rossignol en librairie, par renversement d'idée, les livres qui ne chantent pas, c'est-à-dire ceux dont le public ne veut sous aucun prétexte, et qui traînent une vie pénible jusqu'à ce qu'ils finissent, sales de poussière, détrempés par la pluie, sur les quais, dans les boîtes des bouquinistes.

Enveloppés et ficelés dans des maculatures, ces rossignols sont relégués dans un coin du magasin : ce ne sont plus des livres, c'est un paquet. On n'en sait ni le titre ni le nom de l'auteur. Fœtus mal venus, ils rendent le père soucieux, car malgré ses illusions, l'écrivain a parfois conscience de son œuvre.

La plupart des romans de cette époque étant envoyés en commission aux libraires de province qui avaient la faculté de les retourner, le commis Fortoul, d'accord avec le garçon de magasin, introduisait dans chaque ballot un exemplaire des *Grandeurs de la vie privée* de son parent; mais les provinciaux ont de l'instinct. Le roman de M. Hippolyte Fortoul revenait en tas.

De ce médiocre romancier l'empire fit plus tard un ministre

de la marine et il m'est difficile de le suivre dans cette voie ; mais peut-être plus d'une fois le ministre, en se rappelant avec mélancolie qu'il n'avait pu communiquer par l'imagination avec le public, se dit-il qu'il n'était pas le seul écrivain qui eut alors à lutter contre l'indifférence des lecteurs violemment excités par l'invention du roman-feuileton.

XV

LE LIVRE ET LE JOURNAL

L'application de la littérature au journal étant aussi nouvelle que celle de la vapeur à l'industrie, le journalisme changea la nature du roman. Il fallut des aventures extraordinaires, des plumets et des sauces à l'imprévu pour satisfaire tant d'appétits si divers. Ce fut un coup sensible porté au roman.

Don Quichotte et *Gil-Blas* n'auraient certainement obtenu aucun succès sous forme de feuilleton. Trop de portraits, trop de réflexions, trop longs !

Candide, Ceci n'est pas un conte, la Chaumière indienne, le Lépreux de la cité d'Aoste, trop courts ! Manque absolu d'intérêt !

Le journal ne fut pas favorable aux romanciers qui avaient le malheur de penser. Une chose absolument inutile préoccupait ces écrivains, l'idée et son développement. C'étaient surtout des natures pleines d'entêtement qui, loin de se plier aux exigences de l'inflexible : « *La suite à demain,* » poussaient la méchanceté jusqu'à remplir un feuilleton sans avoir encore introduit le plus petit personnage.

Qu'on pense à la situation d'un Balzac, d'un Stendhal vis-à-vis du feuilleton quand déjà les cabinets de lecture se montraient hostiles à leurs œuvres. Je vis publier divers romans nouveaux de Balzac pendant mon séjour sur le quai des Augustins ; l'accueil qu'ils recevaient du public n'était pas encourageant.

Balzac se vendait médiocrement, Stendhal pas du tout.

Les sinistres ballots qui revenaient de province contenaient toujours des quantités de volumes de Balzac. Pour Stendhal, il était aussi inutile de pousser ses livres que ceux de M. Hippolyte Fortoul. En 1838, personne dans le Paris lettré ne prononçait le nom de l'auteur de la *Chartreuse de Parme*. Si plus tard ses œuvres et celles de Balzac se sont « enlevées » à des milliers d'exemplaires, il ne faut pas se fier au progrès subit des intelligences. La mort de ces deux hommes, la foi et la volonté qui ne leur firent jamais défaut, les réactions soudaines d'une nation qui adore aujourd'hui ce qu'elle injuriait hier, qui élève tout-à-coup des statues à ses écrivains morts, essayant de faire oublier son indifférence pour les intelligences vivantes, les acclamations du vulgaire troupeau qui se pose en admirateur de la veille, les rancunes éteintes de la médiocrité pleurant sur le cadavre de celui qu'elle traînait de son vivant dans la boue, expliquent ces singuliers retours de l'opinion publique.

Tous les hypocrites, les jaloux et les impuissants dansèrent à la mort de l'auteur de la *Comédie humaine* une immense sarabande en criant : « Balzac, Balzac, le grand Balzac ! » Quand il vivait, le romancier les trouvait tous ligués contre lui. Pour Stendhal, le journalisme semblait avoir organisé la conspiration du silence. Je me rappelle particulièrement les *Mémoires d'un touriste*, dans lesquels l'écrivain a noté ses impressions sur les arts, les monuments, les mœurs des pays qu'il traverse : l'éditeur n'en vendit pas deux cents exemplaires.

Frédéric Soulié était alors l'écrivain à la mode des cabinets de lecture et du feuilleton, du livre et de la tranche de galette que le journal du soir vend trois sous.

Pourquoi fus-je entraîné vers Balzac plutôt que vers Soulié si célèbre à cette époque ? Qui me poussa à lire ce misérable Stendhal, dont les œuvres étaient entassées en ballots dans le fond du magasin ? Quel instinct m'inspira une indifférence absolue pour les livres brillants, mais vides quand j'étais entraîné vers les études âpres, mais nourrissantes? Cela, on ne me l'enseignait pas certainement dans une maison de commerce où le respect est attaché particulièrement au livre qui se vend.

Au bout d'un an de travail assidu, mon patron voulut bien m'octroyer vingt francs par mois; mais en cachette je lisais certainement pour cent francs de livres, et les courses à travers Paris développaient en moi le goût des arts.

Un incendie qui eut lieu quelques années auparavant rue du Pot-de-Fer, dans des magasins remplis de volumes en feuilles, favorisa encore ce développement artistique.

Un commis libraire, flâneur ou paresseux, écrivait sur son carnet de service en regard du livre demandé : *Brûlé dans la rue du Pot-de-Fer*. Cette mention suffisait à lui épargner de longues courses; c'en était assez pour procurer d'agréables moments de loisir.

Une telle rubrique nous fut d'une grande utilité, à Chintreuil et à moi, pour courir aux devantures des marchands de couleurs où étaient exposés de nouveaux tableaux. En compagnie de Chintreuil, grâce à ce bienheureux incendie dans les flammes duquel nous jetions tous les ouvrages qu'il fallait aller chercher trop loin, nous dévorions chaque jour tous les journaux et nous tenions autant que possible au courant du mouvement intellectuel : le dimanche, libres l'après-midi, nous devisions dans les musées et ne finissions de discuter qu'à minuit.

XVI

SILHOUETTES DE RAPINS D'UNE AUTRE ÉPOQUE

Vers 1839, la rue Git-le-Cœur n'offrait pas l'aspect noir et humide que les grandes voies ouvertes dans Paris font paraître bizarre aujourd'hui. Au milieu de la rue pleine d'imprimeries, d'ateliers de brochure, de hangars et de remises, une sombre petite laiterie occupait un étroit espace. Cette laiterie était fréquentée par les ouvriers du voisinage auxquels se mêlaient de singuliers êtres barbus, coiffés de feutres pointus ou de bérets bleus. A cette époque il était de bon ton et presque de rigueur de se promener dans le quartier latin avec de semblables coiffures.

A l'intérieur de la laiterie se détachait même un bonnet

phrygien rouge, porté par un personnage maigre, jaune, aux pommettes saillantes et aux cheveux gras flottant sur les épaules.

J'étais tombé dans une étrange société. Les noms des personnages eux-mêmes répondaient à leurs habits : l'un s'appelait *Gothique* et l'autre *Christ*. Je fus quelques jours à me familiariser avec ces êtres dont certains tranchaient sur la pauvreté générale par un luxe superlatif. Deux grands gaillards, la barbe soigneusement peignée, portaient de larges paletots bleu de ciel, doublés de satin rose ; il ne faut pas oublier, pour attache à ces paletots, des boutons de nacre, larges comme des pièces de cent sous. Ces deux êtres fastueux n'en discutaient pas moins avec les gens en blouse.

Peu à peu je me rapprochai de la table de mes voisins, dont la conversation m'avait frappé. Il n'était question que d'*art* et de *république* : certains des habitués de la laiterie sortaient de prison pour délits politiques, entre autres l'homme maigre en bonnet rouge, aux longs cheveux flottant sur la blouse. Les dieux invoqués étaient Arago, Lamennais, Barbès, Rude, Lagrange, David d'Angers, et dans la pièce du fond, où bientôt je fus admis aux mystérieux conciliabules du soir, une statuette de la Liberté, de David, flanquée de médaillons des principaux condamnés politiques d'alors, formait une sorte d'autel sur la cheminée. Quoique modelés sous une influence révolutionnaire, ces médaillons n'en étaient pas meilleurs ; mais l'enthousiasme que me causa ma réception dans un monde si nouveau, fit que j'admirai profondément ces sculptures dont j'avais l'honneur de connaître les auteurs.

Ayant échangé quelques paroles avec le *Gothique* et le *Christ*, les plus jeunes de la bande, je me liai avec les deux frères, qui étaient à peu près de mon âge ; avec eux la conversation roulait exclusivement sur l'art. Combien de fois, au sortir de la laiterie, pour parler encore peinture, les accompagnai-je, après minuit, à une lieue de là, à la barrière d'Enfer, dans une maison qui, le jour, offrait tout le pittoresque d'une ferme.

Une grande porte charretière donnait sur une cour pleine de fumier où picoraient des poules et des canards ; des ouvriers et des blanchisseurs habitaient une grande bâtisse irrégulière, flanquée de petites constructions ajoutées successivement au corps de bâtiment principal. Des escaliers de bois escarpés conduisaient de la cour à ces diverses habitations qui faisaient penser à un pauvre hameau ; mais combien je fus ravi en pénétrant pour la première fois dans le sanctuaire où vivaient les deux frères ! C'était une suite de mansardes encombrées de moulages, de gravures, de débris antiques qui me paraissaient un splendide musée dont les deux frères étaient les heureux conservateurs.

Malgré la pauvreté de ce taudis et la misère qui y soufflait en compagnie des quatre vents cardinaux, dans cette maison entraient, rayonnants, des jeunes gens qui ne rêvaient qu'à la gloire.

Mürger, alors, croyant à sa destinée de peintre, peignait des aquarelles où

> Sara, pleine d'indolence,
> Se balance

dans un hamac formé de lianes fantastiques se détachant sur des horizons de vert et de pourpre ; mais c'était une vocation malheureuse que celle de Mürger, et ses pinceaux ne révélaient pas sa nature poétique.

Le *Gothique* et le *Christ* dont il est parlé incidemment dans *la Vie de Bohême*, étaient les chefs du cénacle, surtout chefs par la misère. Un être qui arrivait dans la mansarde avec cinq francs dans sa poche était regardé comme plus riche que M. de Rothschild lui-même.

Le charme des entretiens nocturnes amenait habituellement une demi-douzaine de gais compagnons qui s'étendaient comme ils pouvaient dans deux hamacs. Le jour, la bande tenait ses assises sur les toits, les uns paresseusement accroupis dans les gouttières, les autres à cheval sur la crête des tuiles, les plus ambitieux juchés sur les cheminées qui envoyaient dans l'air moins de fumée qu'eux. De vastes jardins entouraient la maison, et de grands arbres jetaient de l'ombre sur un certain petit toit que les privilégiés n'eussent pas troqué pour un Eden.

Si la fortune permettait, vers les six heures du soir, d'étaler sur la chaise où s'improvisait le repas des buveurs d'eau, quelques cornets de pommes de terre frites, la joie ne connaissait plus de bornes. Je parle des rares beaux jours de la barrière d'Enfer, sans m'appesantir sur les fréquents jeûnes forcés que ne recommande pas l'Eglise.

Les projets remplaçaient le travail qui faisait souvent défaut à ces mains pleines de bonne volonté mais inhabiles ; aussi la bande se nourrissait-elle d'aspirations et se grisait-elle d'espérances dans le lendemain. Le lendemain se changeait en semaines, les semaines en mois, les mois en années, sans que la fortune daignât frapper à la porte des rapins pleins d'une inaltérable confiance.

Ceux qui ont résisté à cette vie furent des corps à l'épreuve, car il en est mort plus d'un qui n'a pu réaliser les rêves de gloire auxquels tout était sacrifié.

XVII

AMOURETTES

Il était écrit que je passerais par tous les métiers qui forment l'envers de la littérature. Mon père, las de son inaction, avait acheté une imprimerie à Laon et me rappelait de Paris que je quittai sans trop de regrets. La librairie n'avait pas répondu à mes aspirations et je n'emportai avec moi que le souvenir de mes amis les rapins. Du même coup, je devins teneur de livres, correcteur, un peu compositeur; toutefois, je n'apportai qu'une médiocre attention à ces diverses occupations.

L'enfant avait fait place au jeune homme; mais la vie de plaisir me préoccupait plus que la vie de travail. Les bals, le jeu, les amourettes prenaient toutes mes nuits.

A Paris, les fatigues de la vie de librairie, les relations que j'entretenais avec des camarades qui poursuivaient l'art sans être détournés par les chimères amoureuses, m'avaient empêché de tomber dans ces faciles liaisons qui attendent tout jeune homme débarquant au quartier latin. Il n'en fut pas de même en province. Le rôle bruyant que je jouais dans les bals fit qu'une petite couturière fut tentée de partager ma gloire.

J'étais hardi, ne reculant devant aucune folie, bravant l'opinion bourgeoise et remplissant la ville du bruit de mes excentricités. Un petit malheur fit de moi un soupirant timide qui dans le tête-à-tête perdait la parole : en public, le diable s'emparait de tout mon être; en particulier, la grisette ne put jamais tirer que des soupirs d'un garçon qui menait le branle au bal, jetait après souper les assiettes et les tables par les fenêtres, et qui parce qu'il se trouvait en présence d'une femme, semblait perdre la tête.

Ce singulier état d'un être plein de flamme, qui la sent en lui, craint de la laisser paraître, se révolte intérieurement contre sa timidité, ne parvient pas à la vaincre et rougit de sa propre honte, était dû à une fâcheuse mésaventure. J'avais obtenu de la grisette un rendez-vous dans les environs d'un petit bois, et pendant deux jours j'attendis avec transport que l'heure fût sonnée de mon bonheur.

Une ancienne abbaye, aux murailles couvertes de lierre, borde la lisière de ce bois planté sur le versant d'un coteau, autour duquel circulent de petits sentiers étroits, chers aux amoureux. Un bras passé autour de la taille de mon amie, j'écartais de la main les branches qui gênaient notre marche. Nous nous arrêtions sans parler, pleins d'émotion, coupant la route par un baiser, et si notre marche nous amenait à la lisière du taillis, bien vite nous nous glissions sous le feuillage. Un épais gazon étouffait le bruit de nos pas et les oiseaux endormis ne troublaient pas le silence de ces épaisses verdures. Un joli massif se présenta, dont les branches entrelacées formaient voûte et cachaient le ciel. L'endroit était frais, vert et parfumé, le feuillage épais; le silence invitait à s'y reposer. Mon amie se plaignit de la fatigue et s'assit sur le gazon, moi à ses côtés, mes mains dans les siennes. Elle fermait à demi les yeux, laissant couler un tendre regard à travers ses cils rapprochés. Nous ne disions rien; mais quatre mains entrelacées sont plus éloquentes que la parole !

Une douce moiteur courait dans l'air et la nature se faisait complice de notre amour. Hélas ! combien l'amour se montra cruel !

La lune qui tout-à-coup perça le feuillage, put voir la honte peinte sur ma figure. Ainsi demeure accablé le chercheur de pierre philosophale qui ayant exposé à un trop vif foyer ses cornues et ses matras, entend une explosion soudaine qui fait que les onguents précieux sont perdus.

En ce moment, je me serais enfoncé un couteau dans le cœur. Sous le coup de cette fâcheuse impression, n'osant hasarder de justification à propos d'un événement si délicat, je reconduisis la grisette à la porte de la maison de sa mère. C'était dans une ruelle écartée. Au moment de quitter mon amie, j'essayai de faire passer dans un baiser tout l'amour dont mon cœur était plein ; mais, par une nouvelle fatalité, la porte contre laquelle s'appuyait la petite couturière s'ouvrit tout-à-coup et fit entendre un tintement assez aigu pour réveiller tout le voisinage. — Est-ce toi, ma fille? demanda la mère du fond du corridor, pendant que je m'enfuyais éperdu.

Ainsi se dénoua un premier amour dont je ne fus pas tenté de rattacher les mailles, dans la crainte que quelque diabolique imprévu ne les rompît de nouveau. A vrai dire, je n'étais pas vivement épris de la grisette, m'étant attaché à elle, uniquement pour imiter mes compagnons.

Le jeu, les courses nocturnes à travers la ville me tenaient plus au cœur. Ce fut pendant deux ans une sorte de carnaval perpétuel. Ma mère se plaignait doucement ; mon père s'emportait ; ni plaintes ni reproches ne m'émouvaient. Le manque d'argent eût pu couper court à ces fredaines ; mais les fournisseurs avaient confiance en moi. La fabrication des billets à ordre était établie sur une grande échelle et à côté la fabrication non moins dangereuse des renouvellements et des protêts.

La meule aux plaisirs a ceci d'utile, qu'elle n'use pas les lames bien trempées. J'avais usé la meule aux plaisirs au lieu d'être usé par elle. Je songeai de nouveau à quitter le pays, poussé par deux raisons de nature différente. L'avalanche des billets à ordre allait fondre sur ma bourse, qui n'était nullement préparée à ce cataclysme; d'un autre côté, l'assouvissement de plaisirs fatigants par leur uniformité m'avait inspiré un certain retour sur moi-même. Cette fois, je ne cachai pas à ma mère que j'étais décidé à partir et elle fondit en larmes. Que me réservait l'avenir si je continuais à Paris cette folle vie? Ma mère ne comprenait pas que les nobles jouissances d'Haydn, de Mozart et de Beethoven, qui parfois interrompaient ma vie de plaisirs, portaient leurs fruits, qu'une légère pointe d'art et de littérature germait dans mon esprit, et que la misère des gens intelligents à Paris ne peut se comparer à l'oisiveté de province sans idéal et sans horizons.

XVIII

MURGER

Ma première visite, en arrivant à Paris, fut pour mes amis les rapins auxquels je fis part de mes aspirations. Le bruit s'étant répandu dans la bande qu'un futur vaudevilliste venait de débarquer dans un hôtel garni du quartier latin, où il offrait à dîner aux estomacs trop affamés, je connus bientôt plus intimement les nouveaux membres dont le cénacle de la barrière d'Enfer s'était enrichi.

Mürger était alors dans tout son éclat : à la fois peintre, poète, secrétaire d'un grand personnage russe, il éblouissait ses amis par le faste inouï qui éclatait dans son appartement de la rue de la Tour-d'Auvergne.

Cet *appartement* était une mansarde ; mais là se lisaient de magnifiques drames en vers qui donnaient du relief aux murailles. J'eus l'honneur, pour mes débuts, d'être admis à une de ces lectures qui, toutefois, m'enthousiasma faiblement malgré les chauds admirateurs dont j'étais entouré.

Mürger ouvrait ses salons à un frère en poésie et en faisait les honneurs avec une grâce parfaite. Les applaudissements remplaçaient les rafraîchissements ; mais la foi était vive parmi les auditeurs qui, tous, se croyaient appelés à jouer le rôle de Victor Hugo, de Musset, d'Alfred de Vigny.

Tels étaient les dieux de cette mansarde, où régnait une tendance à la Chatterton. Les préfaces de M. de Vigny, quelques-unes de ses pages relatives à la situation difficile des lettrés, avaient groupé autour du poète un certain nombre d'ouvriers-poètes auxquels Mürger se rattachait alors.

Je le perdis de vue pendant quelque temps. Ses occupations de secrétaire intime, ses amourettes, ses nuits passées à travailler, ses journées à reposer l'éloignaient du quartier latin ; mais je fis la connaissance d'un poète à cheveux crépus qui, par ses prodigieuses hâbleries, tenait en admiration tous les hôtels garnis de la place Saint-Michel à la rue Mazarine, tirait sa réputation de ses mensonges et jouait dans la vie pour lui-même et pour tous ceux qui consentaient à l'écouter la comédie du *Menteur*. A ces mensonges il joignait quelques poésies, et en toute saison, un mauvais petit paletot de l'épaisseur d'une toile d'araignée.

Le poète voulut bien un jour me faire confidence d'un sonnet qu'il avait adressé le matin à *Rachel*. Mais les chevelures *crespelées* et autres beaux mots ronsardiens tombaient mal dans mon oreille et je me débarrassai de ce fâcheux avec un paquet de tabac, qui était sa ration ordinaire quand il récitait un sonnet.

Toujours on rencontre dans le quartier latin de semblables grands hommes à l'affût d'oreilles complaisantes. Ce sont de pauvres producteurs et de grands parleurs.

La jeunesse croit à ceux qui parlent longtemps. Les étudiants de première année se prennent facilement aux improvisations de ces Gongora de carrefour dont la fin est triste. Dépensant toutes leurs forces en paroles, plus férailleurs de la langue que de la plume, ils sont quelquefois amusants à écouter, pénibles à lire, et ils en arrivent, ayant tout dépensé en paroles, à ne plus trouver de mots au bout de leur plume.

C'était l'état du poète au paletot en toile d'araignée, à l'époque où je le connus : vivant au crochet des étudiants, cette pauvre nature devait partager le sort des filles du quartier.

Un jour l'hôpital s'empare de ces êtres qui n'ont

pas su se créer une place au soleil de la vie laborieuse.

La bohème donne à la mort plus de travail qu'aucune autre classe. Je revis Mürger à l'hôpital. Toujours le terrible *hôpital* se représenta à mes yeux pendant cette première année de début littéraire ! Il y avait de quoi effrayer un nouveau débarqué : en province le séjour à l'hôpital ne s'applique qu'à de pauvres gens sans famille ; mais les sombres réalités de la vie ne se montrent à la jeunesse qu'au travers du prisme merveilleux où toutes choses prennent les couleurs de l'arc-en-ciel.

Mürger ne souffrait pas. Pourtant ses travaux nocturnes, ses excès de café, son hygiène habituelle altéraient déjà un sang *parisien* qui, à quinze ans de là, se refusait à amener la vitalité dans les membres et le couchait sur ce lit où il devait trouver le repos éternel.

A l'hôpital, Mürger composait des poésies religieuses pour les sœurs : lié avec les internes, il jouissait de quelques priviléges grâce à sa jeunesse. Ce qui explique pourquoi il avait peur de guérir !

Mürger débuta dans la vie par le métier de clerc chez un avoué. C'étaient de minces appointements pour son âge ; ne pouvant rester petit clerc toute sa vie, il crut un moment à son génie de peintre ; les terribles productions à l'aquarelle dont on ne parlait qu'en souriant, même dans le cénacle de la barrière d'Enfer, ne le poussaient pas vers la peinture. Le mobilier de la rue de la

Tour-d'Auvergne était saisi et Mürger devenait inquiet.

— Dans quelques jours, lui dis-je, je quitte l'hôtel garni. J'attends de la province quelques meubles, et mon père s'engage à me faire pendant six mois une petite pension, voulez-vous partager?

Huit jours après, nous étions installés dans un logement de la rue de Vaugirard, où tout de suite je fus initié aux pratiques de la vie poétique.

Quel est le jeune homme qui, arrivant à Paris, n'a rêvé de faire jouer un vaudeville très-spirituel? Ces projets de théâtre eurent un commencement d'exécution et la faute doit peser sur la tête des directeurs du théâtre, s'ils n'aboutirent pas. Mürger et moi résolûmes d'écrire un vaudeville. En une journée j'écrivis cette pièce « émaillée d'esprit. » Mürger se prépara par de nombreuses tasses de café à la confection nocturne de couplets non moins spirituels; mais au bout de huit nuits, Mürger n'avait rimé que quatre couplets, qui, je peux le dire sans offenser sa mémoire, ne révélaient pas le poète qu'il a fini par trouver en lui, grâce à un travail assidu. Le vaudeville fut d'abord présenté par moi au théâtre du Panthéon, par Mürger au théâtre de Bobino. Nous nous étions ainsi partagé toute corvée désagréable.

Au cloître Saint-Benoît, dans les combles d'une vieille église convertie en théâtre, le directeur me montra une pile de manuscrits qui, de la base d'une colonne, montait aux arceaux et je compris de reste que toutes ces pièces devant être jouées successivement, la nôtre ne pouvait guère aboutir qu'au jugement dernier.

Mürger porta le vaudeville au théâtre de Bobino ; il en revint avec une autre comédie. Le directeur, assis au contrôle, reçut Mürger à l'heure où le public entrait. — Monsieur, je vous apporte un vaudeville. — Ah! ah!... Un parterre, dit l'impressario qui n'était pas fier et distribuait lui-même ses cartons. — Je désirerais en obtenir la lecture. — Tout de suite... Une première galerie!

Les gens qui entraient séparaient quelquefois l'auteur du directeur qui, à travers la foule, lui criait : — De quoi s'agit-il ?... Une entrée. — De quoi il s'agit ! s'écria Mürger stupéfait. — Faites placer madame dans une bonne baignoire... Votre vaudeville est-il gai? — Je crois que oui, dit timidement Mürger. — Y a-t-il des mots ?... Je ne change pas cette contremarque... — Des mots! — Il faut beaucoup de mots dans un vaudeville... Tant pis si vous n'êtes pas bien placé aux secondes galeries!

Mürger revint troublé : il avait lu le vaudeville en plein air, devant le bureau du contrôleur, à un directeur occupé à recevoir les cartes de trois cents personnes! On pense si une lecture dans de telles conditions le désarçonna ; aussi nous nous jurâmes de ne plus écrire pour le théâtre, persuadés que les réceptions de pièces se faisaient toutes d'une aussi étrange façon.

On a beaucoup exagéré la paresse de la Bohème ; en réalité, le travail faisait la base de notre vie. A nous deux, nous avions réuni une sorte de bibliothèque pour laquelle Mürger fournit les poètes, et moi les prosateurs. Dans mes ardeurs de lecture, je me jetai sur les livres qui appartenaient à Mürger, lisant les poètes tout d'une volée, comme une grisette qui dévore un roman, et cette mauvaise méthode m'écarta longtemps de Victor Hugo et même de Musset dont les pages étaient presque usées, tant Mürger les avait lues et relues.

Un Shakespeare, traduit par Letourneur, offrait une rangée respectable de volumes in-quarto : malgré l'adouci de la traduction, Mürger s'en nourrissait régulièrement, et l'influence des *concetti* de certaines pièces devait être grande sur lui.

Quoique l'auteur des *Poésies d'hiver* marchât sous le drapeau de *Mimi Pinson*, *Roméo* et les comédies du vieux maître ont donné à Mürger l'idée des galanteries un peu précieuses de la *Vie de Bohème*, qui, malgré ses défauts, restera sans doute comme un des curieux livres de la génération qui se fit jour au demi-siècle, un peu avant 1850.

Mimi et *Musette*, filles de *Manon Lescaut*, précèdent la *Dame aux Camélias* et indiquent déjà la carrière d'où pendant une quinzaine d'années, les dramaturges tirèrent un nombre si considérable de filles de marbre.

Singuliers hasards de la vie littéraire ! La *Vie de Bohème* consista d'abord en fragments d'historiettes qu'un petit journal payait *quinze francs pièce*. Publiées tout d'abord sans retentissement, ces scènes seraient restées peut-être inconnues si un auteur dramatique n'en avait enchâssé les perles dans le collier en clinquant du théâtre. Le théâtre poussa à la fortune du livre, le livre servit de remorqueur aux œuvres moins accentuées que Mürger donna jusqu'à sa mort.

Il restera deux volumes, la *Vie de Bohème* et les *Poésies*, pour témoigner quelles aspirations tourmentèrent cette poétique nature partie de si bas, qui s'était affirmée par sa propre volonté et ne put résister aux flammes dévorantes de la vie parisienne.

Une page de prose coûtait autant à Mürger qu'une pièce de poésie. Une page, c'était une nuit, et combien furent déchirées de ces pages qui ne satisfaisaient pas son esprit ? Dans les dernières années de son existence difficile, Mürger eut l'imprudence de livrer aux journaux des œuvres commencées, espérant que l'avance de quelques feuilletons le stimulerait et forcerait son cerveau à se rompre à ce rude métier. Le journal est un chemin de fer et ils sont rares les voyageurs en retard qui rattrapent le train en marche.

Il en arriva ainsi à Mürger qui, brisé par la fatigue, se labourant la tête et le cœur, cherchait à en tirer quelques pages et arrivait, haletant, à terminer brusquement des œuvres précipitées auxquelles sa nature se refusait. On compte peu de Lope de Véga qui écrivent une comédie avant de déjeuner, et l'Espagnol était plein d'observations longtemps accumulées. Mürger n'était plein que de son cœur ; il le pressa légèrement, les gouttes donnèrent naissance à la *Vie de Bohême*. Il fallut encore le pressurer, le serrer dans un étau plus tard. Ce sont ces terribles étreintes qui rendaient si douloureuses les nuits du poète.

Son œil ne le portait pas à l'observation des choses extérieures. Peut-être Mürger n'eut-il pas remarqué sur le trottoir, en face de lui, la figure d'un homme à nez crochu, le crâne recouvert d'une perruque de chiendent ! Toute la curiosité du poète était tournée au-dedans de lui-même ; et il ramona si souvent la même cheminée qu'à la longue le plâtre s'enleva et les briques tombèrent.

Mürger, jeune encore, ayant expérimenté que sa nature n'était pas de granit, montra une certaine politique vis-à-vis de ses confrères et, par là, s'attira de nombreuses sympathies qui le suivirent jusqu'à sa tombe. Cependant, lors de ses débuts, il sentit pousser quelques griffes qu'il rentra prudemment. On n'a pas donné au public ses articles de critique dramatique, enfouis dans le *Corsaire-Satan*. Là, se voit une des faces d'un Mürger inconnu, accablant de sarcasmes la tragédie, *l'école du bon sens* et les socialistes. S'il n'a pas réimprimé plus tard ces articles, lui qui par d'impérieux besoins d'argent cherchait des volumes tout faits pour répondre aux désirs de ses éditeurs, c'est que Mürger craignait alors de blesser les médiocrités les plus inoffensives.

Les difficultés de la vie matérielle nous firent, à un moment, chercher fortune chacun de notre côté et suivre des voies différentes. Lui, se montrant le soir dans cinquante endroits, moi retiré dans une mansarde, essayant de me faire une éducation. Il cherchait la tranquillité littéraire, je ne craignais pas la lutte; mais nous n'en avions pas moins conservé l'affection des anciens jours. Un des derniers romans de Mürger, *les Vacances de Camille,* prouve que l'homme avait la mémoire du cœur.

Shakespeare excepté, Mürger avait rarement ouvert un auteur ancien : les modernes le préoccupaient plus particulièrement. — As-tu lu tel livre ? me disait-il en parlant d'un volume quelconque qui venait de paraître. — A quoi bon ! répondais-je. — Tu as tort, continuait Mürger, c'est charmant. Et il me laissait sous le coup d'un profond étonnement, tant son enthousiasme pour certaines œuvres sans saveur me semblait bizarre.

Il en fut ainsi à diverses reprises, et je craignais presque de le rencontrer, osant à peine lui parler de littérature, tant j'avais peur de le choquer et d'en être choqué. Une certaine faiblesse, la crainte de lutter, la nécessité de rendre plus facile une vie difficile avaient conduit Mürger à une suprême indulgence. Peut-être eut-il raison !

On a exagéré les « souillures de son corps. » Il résulte des longs séjours de Mürger à la campagne qu'il cherchait depuis longtemps le repos, si la culture des lettres à l'époque actuelle donnait des loisirs. N'ai-je pas dit que Mürger, *né à Paris*, dans la loge d'un pauvre tailleur, devait sans doute à une morbide hérédité parisienne, cet appauvrissement de sang que le travail de cabinet produit chez les natures les plus robustes ?

Un commerçant se *retire* après quinze ans de travaux. Dans la littérature on ne se retire jamais, non pas que le désir ne se soit emparé de quelques-uns, même des vaillants ; mais la plus modeste aisance manque à ceux qui labourent leur intelligence, et Mürger, s'il eût su qu'après sa mort une souscription publique servirait à lui élever un monument, se serait écrié certainement : « Avancez-moi l'argent de mon tombeau. »

D'autres ont répété en chœur : « Mürger *n'a pas su organiser sa vie.* »

Ils en parlent à leur aise, ceux qui n'ont que la peine de naître pour trouver dans leur berceau une douzaine de mille livres de rentes. Économes et pleins de gloriole, quelques-uns faisant tourner leurs revenus au profit d'une réputation factice, se disent un beau matin : — « Pourquoi ne ferais-je pas des romans ? Ce pauvre diable qui n'a pas le sou en fait bien. » Alors ils insinuent que leur *connaissance du monde*, la *politesse*, le *bon ton* qu'ils ont contractés dans la *bonne compagnie* donnent à leurs œuvres ce *cachet suprême* qui manque aux écrivains de profession. Ils avancent avec M. Joubert, qui s'est fortement trompé ce jour-là, que « Gil Blas est un livre écrit sur une table de café, entre deux parties de dominos. »

Le public qui veut être amusé ne s'inquiète pas de tous ces raffinements. Peu lui importe que Le Sage ait écrit son livre au café; le public n'a d'égards ni pour la position *considérable dans le monde,* ni pour la tenue des écrivains-gentilshommes dont au fond la suprême aspiration est de devenir marguilliers de leur paroisse. Ce public sceptique n'exige pas non plus que le peintre de Mlle Musette professe les opinions politiques qu'un Proudhon attend de tout écrivain. Et voilà ce qui confond les écrivains-gentilshommes!

La Vie de Bohème, à proprement parler, n'était pas un livre à mettre dans la corbeille de noces d'une jeune fille. Et pourtant Mürger eût été trop heureux d'échapper à la Bohème. Le monde du Café des Variétés et de la Brasserie des Martyrs le poussait médiocrement à la vie régulière.

Il sonda le néant de ces endroits, et alla demander aux bois de le retremper dans un isolement de verdures.

Telle fut sa vie, telle fut sa fin. Et comme le chantre de l'amour et de la jeunesse n'avait pas été récompensé matériellement de ses veilles et de ses travaux, sa mort fut pour

Paris un événement plus considérable que celle d'un maréchal de France.

Tout jeune, Mürger dut rêver à la gloire : il croyait fortement en lui. Je me souviens d'un poëme académique qu'il composait dans la rue de Vaugirard et dont le thème était l'éternel débat entre un fils et son père : le fils brûlé par la flamme de la poésie, le père répondant comme les raisonneurs de Colin d'Harleville; mais le dramatique manquait absolument à cette œuvre.

Mürger invitait des poètes-ouvriers à entendre ses élucubrations de la nuit ; nécessairement ceux-ci récitaient les leurs, et je me sauvais pour échapper aux flots d'alexandrins de braves gens que le socialisme avait mis à la mode et qui s'ils n'étaient plus ouvriers, étaient moins poètes encore. Voyant ma médiocre admiration pour ces beaux morceaux, Mürger changea dès lors de voie; et comme certaines aspirations le poussaient à étudier les élégances de la vie parisienne, il cessa de fréquenter les poètes-ouvriers.

Avec sa petite bibliothèque, son mobilier se composait de gants blancs flétris, d'un *loup* en velours, d'un bouquet fané accrochés aux murs.

Toute l'œuvre de Mürger est dans ces souvenirs.

Des fleurs desséchées, une liaison au bal de l'Opéra, une tristesse au cœur.

XIX

LES AVENTURES D'UN AGENT DE POLICE

Un jour un homme singulier entre comme une empête. — Un louis ! il me faut un louis... Avez-vous un louis ? s'écrie-t-il. Mürger montra la marmite qui chantait sur le poële. L'homme rôdait dans la chambre et regardait la bibliothèque. — Vendons les livres ! Ce n'étaient pourtant que des volumes usés et décousus, qu'un épicier n'eût pas achetés au poids. — Je suis dans l'embarras, fit l'être bizarre, il faut que je livre aujourd'hui un roman en deux volumes à mon éditeur et la première ligne n'est pas écrite.

Non sans respect je considérais un véritable auteur, le

premier que je rencontrais. — Aide-moi à bâcler le livre, dit l'homme à Mürger. — Deux volumes d'ici ce soir, s'écria Mürger; moi qui n'ai jamais écrit une ligne de prose! — Bah! si tu voulais... — Voilà le collaborateur qu'il te faut, dit Mürger en me présentant comme arrivant de province avec une forte vocation littéraire. — Bon, je t'emmène dans ma voiture, dit en s'adressant à moi le personnage étrange que je ne me lassais pas de regarder, quoique je fusse étonné de son subit tutoiement.

— Allez-vous faire les volumes en fiacre? demanda Mürger. — Nous causerons en chemin du plan. — Mais, monsieur, dis-je timidement. — Tais-toi, drôle, reprit sur un ton de comique familiarité l'homme singulier qui allait m'initier à la génération spontanée des deux volumes.

Je n'avais plus mot à dire; je devenais l'*ami* d'un être qui ne doutait de rien, roulait en fiacre sans argent, demandait à emprunter un louis dans une maison dont le budget était de cinquante francs par mois, faisait deux volumes par jour et m'enlevait sans me donner le temps de me reconnaître.

Les yeux vifs du personnage, sa chevelure ébouriffée, sa haute taille, son ton décidé m'en imposaient.

Dans l'escalier. — Un roman, dit-il, n'est pas si difficile à composer que le vulgaire se l'imagine, tu verras.

Nous voilà dans le fiacre, roulant vers l'Odéon. — Charmante! charmante! s'écrie en faisant des signes au dehors mon compagnon qui avait la tête à la portière. Arrête, cocher!

Il descend, court après une grisette qui passait, lui tire les cheveux de la nuque. La jeune fille étonnée se retourne; mon homme rit aux éclats, lui parle avec volubilité. Elle se sauve sur le trottoir opposé, mon compagnon la suit; la grisette subjuguée, revient vers le fiacre avec mon ami qui lui tient le bras. — A demain, dit-il; je demanderai Mlle Ernestine, 27, rue Monsieur-le-Prince. — Oui, Monsieur, au troisième.

Ce début d'aventure galante m'émerveillait; l'homme remonte en fiacre, les yeux aux aguets devant chaque créature qui passe. — La jolie pâtissière! s'écrie-t-il en tournant le bouton pour faire arrêter le cocher. Viens manger des gâteaux!

Comme je le remerciais. — Tu n'as pas faim, tant mieux. Cocher, roule, passage Dauphine! — Arrivé devant le passage : — Je monte dire un petit bonjour à Augusta... Attends-moi dix minutes, mauvais sujet, et pense au roman!

Quelle stupéfaction! *Penser au roman* dont je ne savais pas seulement le titre! Ces gens de lettres sont singuliers, me disais-je.

Une demi-heure s'était écoulée; mon bizarre ami reparaît les yeux brillants. — Cette drôlesse d'Augusta est vraiment très-divertissante. Quelle bouche!... Eh bien! tu

7

ne me parles pas du roman? Et quelle jambe!... As-tu creusé le sujet, libertin?

J'étais tout à fait ahuri. *Creuser le sujet* de quoi? — Allons, paresseux, nous ne sommes pas ici pour nous amuser.

A chaque épithète dont il me gratifiait, mon ami faisait toutes sortes de mines comiques prouvant qu'il aimait à rire.—C'est que tu ne dîneras pas si tu ne travailles pas plus sérieusement.

Voyant l'humeur plaisante du personnage, je commençai à me dérider. — Maintenant, soyons calmes, ajouta-t-il, nous allons entamer le premier chapitre.

Le fiacre était arrêté rue Montmartre.—Monte avec moi, intrigant... Il s'agit de grimper à un septième étage. — C'est ici la demeure de mon excentrique, pensais-je. Mais je me trompais. Il frappe à la porte avec un roulement de doigts significatif. La porte s'ouvre et je reconnais le poète qui, quelques mois auparavant lisait chez Mürger son fameux drame en vers. — Mon cher, dit mon compagnon de fiacre, il me faut des Nouvelles que tu n'aies pas encore réimprimées en volumes.

Sans se gêner il furète partout, ouvre les cartons, les tiroirs. — Oh! *Le premier baiser d'Alain Chartier*, fameux! s'écrie-t-il en s'emparant d'une liasse de papiers. Et avec ça? — Voilà tout ce que j'ai publié cette année, dit le poète. — Cela me suffit, je trouverai d'autres Nouvelles ailleurs... Vite une ficelle et dépêche-toi, j'ai un rendez-vous à midi avec Céline.

Les feuilletons ficelés, nous continuons à rouler en fiacre, mon ami prodiguant de la main des baisers à toutes les femmes qui passent sur les trottoirs. En chemin nous entrons dans un café pour nous réconforter. — As-tu de l'argent? me demande l'homme pendant que nous dévorions quelques côtelettes. — Pas un sou. — Ne t'inquiète pas, le cocher paiera.

Toute l'après-midi se passa de la sorte à rouler Paris et à courir après des feuilletons et des grisettes. Enfin nous reprenons le chemin de la rue de Vaugirard en compagnie, pendant quelques minutes, d'un petit chien que mon singulier ami avait enlevé à deux jeunes filles, près du Luxembourg. — « Au pas, cocher ! s'écrie-t-il. » Les deux filles couraient après le fiacre. — Votre adresse ou je garde le chien. — Rendez-nous-le, monsieur. — Comme j'intercédais pour les jeunes filles : — Crois-tu que je veuille garder cette affreuse bête ?

Encore une fois il descend du fiacre et revient bientôt. — Si tu es sage, tu dîneras avec ces drôlesses. — Moi ? — *Oui, toi*, dit mon ami en contrefaisant ma stupéfaction. Puis il prend un air grave. — Ce roman dont tu ne me parais pas avoir apprécié la portée (il ne m'en avait point encore soufflé mot) a pour titre : *Les Aventures d'un Agent de police*. Qu'est-ce que tu dis de ça ? *Les Aventures d'un*

Agent de police, deux volumes in-octavo, chez Lachapelle, rue Saint-Jacques, seize feuilles par volume, trente lignes à la page, vingt-huit lettres à la ligne, beaucoup de blancs entre les chapitres et une superbe affiche que je dessinerai moi-même. Tu vois ça d'ici, un agent de police entrant dans un bouge où sont réunis des *pantres* armés jusqu'aux dents et sur le premier plan une grande dame évanouie... Ce sera le succès de l'année, Lachapelle n'en doute pas. — Mais? — Mais quoi? Tu ne me parais pas fort. Mürger s'illusionnerait-il sur ton compte? — Nous n'aurons jamais le temps d'écrire ces deux volumes!

Mon ami me met la main sur la bouche.

— Tu es inepte! Voilà une main de papier blanc... Ose dire que ceci n'est pas une main de papier blanc (et il me tirait les cheveux comme s'il voulait m'épiler). Tu insères délicatement chacune de ces Nouvelles dans une chemise de papier blanc; sur cette feuille tu inscris de ta plus belle main les titres desdites Nouvelles... M'as-tu compris, crétin? Ce premier coup de collier donné, tu rédiges la préface. — Une préface! — Tu as un nez prudent et raisonnable, l'art de la préface ne doit pas t'être inconnu. — Mais que dirai-je dans cette préface? — Tu expliqueras comment l'auteur s'est procuré ces aventures. — Faut-il que je raconte nos courses en fiacre depuis ce matin?

— Affreux drôle, je t'accable de ma confiance, ce n'est pas pour en abuser. Lachapelle, s'il a la curiosité de lire la préface, doit être alléché par la description des aventures merveilleuses qui remplissent le volume. — Je m'en vais donc lire les Nouvelles ? — Seigneur, s'écrie l'homme en levant les mains au ciel, qui te force à jeter sur mon chemin un être aussi dépourvu de toute capacité...! Tu n'as pas le temps de lire ces platitudes... Pousse ton boniment! Annonce des aventures plus étranges les unes que les autres... Ma parole, c'est moi qui fais la préface!

Je commençais à être subjugué par ce diable d'homme. Nous arrivons; il me met une plume en main, je m'assieds.

— Et maintenant, s'écrie mon ami se promenant par la chambre, lâche ton venin !

Cette façon de commander, cette familiarité, cet argot, me troublaient autant que *Le premier baiser d'Alain Chartier*. N'était-il pas difficile d'expliquer les rapports entre Alain Chartier et un agent de police? Le reste était à l'avenant. Une Nouvelle avait pour titre : *Ce qu'on rêve en aimant*, et pour grossir le paquet, Mürger avait fourni *Les amours d'un grillon et d'une étincelle*. Expliquer le lien *secret* qui rattachait le grillon à Alain Chartier, l'étincelle à un agent de police, l'agent de police à *Ce qu'on rêve en aimant*, appartenait au domaine du pur fantastique; cependant je le tentai.

Ayant trempé ma plume dans l'encrier, je *lâchai un venin* de trois pages dans lesquelles j'expliquai de mon mieux comment l'agent de police avait été initié à ces aventures. Un grave historien lui avait conté la légende d'Alain Chartier, et un paysan lui fit part de ses observations sur *les amours du Grillon et de l'Etincelle.* « Tout lecteur *intelligent,* disais-je effrontément, s'apercevra, en lisant avec la profonde attention que méritent ces histoires recueillies par l'auteur lui-même de la bouche d'un fonctionnaire retraité, du zèle qu'apportait l'agent de police dans ses délicates fonctions. »

Une fois entré dans cette voie de mensonges, je ne me sentis plus de remords, et, ayant lu à mon ami mon éloquent morceau, il se mit à danser, à siffler, à faire le coq.

— Viens que je t'embrasse, scélérat, me dit-il... » Mais je me dérobai à cette preuve d'affection pendant que je m'apprêtais à un nouveau départ. — Hue ! cocher, s'écria mon compagnon, en route, ventre à terre, rue Saint-Jacques; le *sac* nous attend, il y aura un rude pourboire... Pourvu que Lachapelle soit à Paris, reprend-il en fronçant le sourcil. » Mais aussitôt il éclate de rire. — Ce serait trop drôle ! — Et pour oublier cette impression, il fredonne *Le jeune et beau Dunois* qu'il entremêlait du refrain de *la Marseillaise.*

La nuit tombait lorsque nous arrivâmes rue Saint-Jacques à la porte du libraire, qui demeurait au fond d'une sombre cour.

L'entrée de la maison me parut singulièrement sinistre,

et je crus voir disparaître derrière un guichet de prison mon ami qui s'élançait sous la porte cochère, en me criant : « Recommande ton âme à Dieu, singe, il n'y a que onze heures de fiacre ! »

Je commençais à me repentir d'avoir prêté la main à ce complot. Si l'honnête Lachapelle, feuilletant le manuscrit, avait la prétention d'y chercher le lien *mystérieux* dont il était fait mention dans la préface, mon ami toucherait-il la somme convenue ? Qui paierait le cocher ? Et si le cocher n'était pas payé, qu'arriverait-il ?

Après une demi-heure de transes, mon compagnon reparut triomphant, secouant dans son chapeau de véritables pièces de cent sols qu'il faisait sonner joyeusement. — Maintenant, s'écria-t-il, à la tour de Neslès !

Un soupir de satisfaction s'échappa de ma poitrine en descendant de fiacre.

Nous voilà devant une pauvre masure du quartier latin, grimpant un mauvais escalier branlant, dont une corde servait de rampe. Une porte entr'ouverte, au dernier étage, laissait passer une faible clarté. C'était là que demeuraient les deux sœurs en compagnie d'un petit chien L'une était assise sur une chaise boiteuse, l'autre sur un mauvais lit. En nous voyant elles poussèrent un cri de surprise; ces filles ne pouvaient s'imaginer qu'elles dîneraient ce jour-là, et quand mon ami eut fait tinter les pièces de cent sous, ce fut une fête dans le galetas.

— Allons, petite drogue, dit-il à la plus jeune, va chercher à dîner ; tu rapporteras du vin, des côtelettes de porc frais, des pommes de terre frites, de la salade, du café, voilà de l'argent.

Quel repas joyeux! mais quelles pauvres filles, si la gaieté n'eût chassé la misère pour un jour!

Tout en mangeant, on causait littérature. L'aînée raffolait des *Mousquetaires*. — Je n'aime, disait-elle, que les livres au-dessus de ma condition.

Un volume crasseux de *Manon Lescaut* était à demi ouvert sur la cheminée. — En le lisant, disait la plus jeune, je me figure que tout ça m'arrive.

Cette soirée me laissa une vive impression, et si plus tard la petite nouvelle de *Chien-Caillou* fut remarquée, la mansarde et l'insouciance de ces enfants y entrèrent pour une large part.

Mon ami ne voyait pas le cadre dans lequel s'agitaient chaque jour ses singulières aventures : à raconter sa vie pleine d'incidents et le catalogue de ses conquêtes presque aussi nombreuses que celles de Restif de la Bretonne, il eût écrit un livre à la Casanova; mais il était trop acteur dans ces comédies improvisées, et sa vie dévorante ne lui laissait pas le temps de regarder.

En traçant un léger croquis de sa personne je n'ai côtoyé la réalité que de loin. Comment dépeindre les bizarreries de l'homme, ses taquineries, son amour de la vertu qu'il chantait parfois, ses courses à l'argent, ses duels, et surtout comment rendre sa pantomime, ses guenilles du jour, ses élégances du lendemain, ses efforts de dignité sans cesse traversés par un langage de rapin, et cette audace, cet œil vif, cet abord imprévu qui subjuguaient tant de femmes !

Rarement on a vu tant de vitalité dans un individu ; mais cette vitalité tout extérieure nuisait au mouvement des idées. Voilà pourquoi mon ami l'écrivain n'écrivait jamais.

On avouera que pour mes débuts dans les lettres je reçus un singulier enseignement.

XX

LA BOHÈME

A cette époque je me liai avec un aimable garçon qui, bientôt fatigué de l'agitation parisienne, courut les aventures, traversa les mers et alla tenter fortune en Australie où il devait mourir sans trouver le sort glorieux d'un Raousset-Boulbon. Il se nommait Fauchery, et exerçait la profession de graveur, non pas précisément par amour de l'art, car déjà germaient les inquiétudes qui le poussaient vers des pays lointains.

Il tenta d'abord de se lancer dans les lettres, ayant l'aptitude des natures parisiennes qui comprennent vite et semblent propres à toutes choses; mais les qualités particulières aux grandes villes sont doublées d'un défaut qui en paralyse la spontanéité.

Il est pour ainsi dire refusé à ces esprits primesautiers de s'appesantir sur une œuvre et de suivre longtemps la même voie.

Fauchery, à qui la fortune littéraire sembla sourire tout d'abord, étudia sans doute sa propre nature et reconnut qu'elle se prêtait médiocrement aux travaux herculéens qui attendent plus tard tout écrivain qui veut conserver sa réputation. Les premiers succès dans les arts sont aussi dangereux que le premier florin gagné au trente-et-quarante. Sans avoir marqué par une de ces pages qui font que le début d'un homme est salué par la critique, Fauchery trouva des amitiés qui lui ouvrirent les portes des éditeurs et des directeurs de théâtre; mais la chaise de paille ne convenait pas à un homme préoccupé d'agir par-dessus tout.

C'est le trône de l'écrivain que la chaise de paille, c'en est aussi la torture. Penser, rêver, combiner, prendre des notes, regarder des hommes et des femmes agir, étudier le rouage des passions, disséquer des vices, scruter la pensée des grands génies, ce n'est rien; mais s'asseoir sur la chaise de paille, devant une table, exprimer sur le papier le suc de ses observations et de ses études, sauter de son lit pour retrouver toujours cette terrible chaise, voilà des angoisses que ne comprennent pas les êtres heureux qui n'ont jamais pensé à amuser ou à intéresser leurs contemporains par des fictions.

Fauchery avait peut-être entrevu les tortures de la chaise de paille : il partit un jour pour le pays de l'or, quoique l'or ne le tentât guère. Singulier et loyal caractère que celui de cet homme aventureux qui, lors de la prise du Palais d'été, à Pékin, se peint dans une de ses lettres intimes, assistant au pillage, en face de bijoux et de matières d'or, qui pouvaient le rendre riche à jamais, et qui sortit les mains nettes (le bohème!), pour écrire le récit de ses voyages.

Voilà où j'en voulais venir : obligé tout jeune de gagner sa vie, lancé dans la Bohème, Fauchery en avait étudié le code dont quelques articles sont à signaler.

1° Un loyer ne doit jamais être payé.

2° Tout déménagement s'effectue par la fenêtre.

3° Tailleurs, bottiers, chapeliers, restaurateurs appartiennent tous à la famille de *Monsieur Crédit*.

La croyance en ce code était poussée si loin que nos anciens amis, les rapins de la barrière d'Enfer, prétendaient qu'après un déménagement opéré par la fenêtre, *tout meuble ayant passé le ruisseau du milieu de la rue ne pouvait être réclamé par le propriétaire* (il y avait encore des ruisseaux à cette époque!)

Moi-même je crus d'abord naïvement à quelques articles de cette charte, les ayant vus pratiquer maintes fois avec succès.

A vingt ans, le mot *propriété* est une abstraction.

La vérité est que, jusqu'en 1848, notre cabinet de travail était plus particulièrement situé dans des cafés hospitaliers où la bande arrivait avec des appétits féroces à neuf heures du matin pour n'en sortir qu'à minuit. Les uns lisaient, les autres jouaient ; certains écrivaient par hasard, et la surprise des habitués fut considérable le jour où Fauchery, ayant transporté au café son attirail de graveur, essaya de se livrer à sa besogne journalière.

Cette singulière éducation littéraire eut le résultat heureux de me rejeter plus tard dans la vie tranquille. Mais combien en ai-je connu de natures sans ressorts qui continuaient d'obéir au singulier code de la Bohème et y perdaient, avec l'intelligence, l'amour du travail !

XXI

ILLUSIONS PERDUES

L'amour me sauva. Une aimable fille, qui s'associa à ma destinée, avait horreur des dettes, du vagabondage en matière de logements, et elle me fit aimer l'intérieur. Peu à peu je me détachai de mes camarades pour être à tout instant près de celle que j'aimais. Chacune de ses paroles était une musique; ses caprices me semblaient couleur de rose; il n'y avait pas d'autre femme au monde; il y avait elle, seulement elle. Elle était ma vie, mon avenir.

En s'associant à ma destinée, mon amie n'avait été séduite ni par le luxe ni par la fortune. Je n'avais rien, elle n'avait rien non plus et je ne me doutais pas qu'il est peu de femmes qui ne se lassent un jour des petites robes d'indienne : aussi les désillusions frappèrent-elles à coups redoublés sur mon cœur comme sur une enclume.

Longtemps je n'ai pu passer sans émotion devant les maisons qu'autrefois j'habitais avec *elle*. Je croyais les blessures de mon cœur cicatrisées; la vue de certaine petite fenêtre les faisait saigner.

Depuis, le vieux Paris a fait peau neuve; d'anciens quartiers tortueux ont fait place à de verts squares, et le soleil envoie sa carte de visite d'or dans les réduits où un rayon avait jadis peine à se glisser ; mais où sont les maisons dans lesquelles furent si heureux ceux qui aimaient ?

Je me souviens d'une petite rue escarpée du quartier latin, dans laquelle un instinct particulier me conduisit un jour à la sortie d'un cours du Collége de France. L'ancienne rue était en proie à une bande de maçons. D'énormes cordes étaient attachées aux pans de muraille qui craquaient et tombaient lourdement, enveloppant les curieux d'un nuage de poussière. Quelle émotion s'empara de moi! L'intérieur de la mansarde que j'habitais jadis venait d'apparaître comme au coup de sifflet d'un machiniste. La cheminée de bois, peinte en marbre, je la retrouvais, le même papier à fleurs roses, et, près de la cheminée je croyais voir mon amie d'autrefois.

Au-dessus du foyer de cette mansarde au papier rose, de

longues bandes noires de suie sillonnaient la muraille. Le cœur de celui qui a aimé est sillonné de semblables bandes désolées. Sur le mur le feu a passé ; dans le cœur les désillusions laissent des traces plus tristes que la suie.

XXII

QUELLE ROUTE PRENDRE ?

Deux chemins différents se présentèrent au début de ma vie littéraire : l'un facile, sec, mais aride, l'autre d'apparences plus poétiques et parfumé de l'odeur des plantes d'Outre-Rhin : je me sentais entraîné à la fois dans la contre-danse qu'a fait danser Henry Monnier à la bourgeoisie et dans les rondes de Willis, chantant des *lieds* allemands. La reproduction presque littérale des conversations de petits bourgeois de province me plaisait autant que les vagues mélancolies des poètes du Nord. Je passais des journées à composer de courtes ballades en prose qui me donnaient, à mes propres yeux, une sorte d'inspiration poétique ; puis je dialoguais des scènes où les détails les plus vulgaires des diseurs de rien n'étaient pas épargnés.

Je cherchais une voie sans bien me rendre compte des sentiers où je m'engageais. Je ne demandais pas mieux que de m'instruire et de me perfectionner ; mais ne connaissant personne qui pût me guider, j'allais au hasard sans trop d'inquiétudes, car la jeunesse produit naturellement comme l'arbre donne des fruits.

L'hiver de 1844 à 1845 se passa en de singulières études. Les *Contes* de Voltaire me préoccupaient : pour m'en bien pénétrer, ne me fiant pas à un œil souvent distrait, je résolus de copier ces Contes et de lire à haute voix tantôt une page pour me rendre compte du mouvement, tantôt une phrase pour en approfondir l'anatomie. Me voilà donc penché le soir sur Voltaire, cherchant le secret de cette vive prose : au bout d'un mois d'un semblable exercice, la brièveté de la phrase voltairienne me fatigua et je craignis en poussant plus loin ces sortes de calques d'arriver à une imitation dangereuse. Je cherchai alors dans la Bible un contrepoids à cet enseignement. L'ampleur des images orientales me parut devoir jeter quelques liens onctueux au milieu de la sécheresse des Contes, et je ne trouvai rien de mieux que de copier dans la même soirée une page de la Bible, une page de *Candide* en les mélangeant de fragments de Diderot.

Je n'ai pu retrouver sans émotion au fond d'un tiroir

ces copies entreprises à l'époque où un parfait contentement de soi-même envahit l'esprit et le remplit trop souvent de vaniteuses satisfactions; déjà j'éprouvais certaines inquiétudes dues à la fréquentation d'un être qu'on n'approchait qu'avec un certain trouble.

XXII

RENCONTRE DE BAUDELAIRE

i

Si on excepte quelques natures fortement trempées qui se tirèrent des impasses de la Bohème, le reste fut condamné à vivre difficilement en face d'un idéal borné et sans avenir. Ni études, ni loisirs, ni aisance ne permettaient à ces aspirants à l'art de s'élever et de conquérir un nom : aussi suis-je effrayé des montagnes que durent soulever Murger et le paysagiste Chintreuil pour tirer Tout de ce Rien qu'ils avaient trouvé dans leur berceau.

Un peu plus tard se fondit, avec quelques intrépides de cette première bande, un autre groupe de jeunes gens plus réellement doués, à la tête duquel se faisait remarquer

Baudelaire, d'une bizarrerie déjà caractéristique. Les poètes et les peintres qui formaient ce second groupe n'avaient rien de commun avec les rapins de la barrière d'Enfer. La vie se passait encore dans le quartier latin, mais non plus dans les gargotes, les goguettes et les taudis. C'était sur les divans de cafés que la Bohème trônait, presque en face du monstre Odéon, qui avalait mensuellement une demi-douzaine de drames, de comédies, bourrés d'une excessive quantité de *bon sens*.

Baudelaire et ses amis ne tenaient pas absolument pour ces fanatiques du bon sens, choquants par l'étalage d'une qualité qu'il est de bon goût de ne pas faire graver sur sa carte de visite.

Le tempérament provincial et notarié de ces auteurs si raisonnables dans leurs conceptions versifiées, ne répondait en rien à celui qui plus tard devait livrer au public les tortures de son âme, *les Fleurs du mal*.

De longues fréquentations avec le poète me firent passer par des admirations saugrenues et des hébétements naïfs dont je n'avais pas le sens. Quelquefois les enthousiasmes de Baudelaire me paraissaient des mystifications ; mais, comme j'étais plein de docilité, je laissais aller le poète, me promettant de revoir les peintures et de relire certains livres qu'alors je n'étais pas en état de juger.

Un jour Baudelaire se montrait avec un volume de Swedenborg sous le bras ; rien dans aucune littérature ne pouvait, suivant lui, tenir à côté de Swedenborg. Dans nos promenades au Louvre, il me donnait le *Bronzino*, un maître maniéré, comme le plus grand peintre de toutes les écoles.

On rencontrait le poète avec un gros volume d'algèbre; il n'y avait plus de littérature, c'était l'algèbre qu'il fallait étudier et le polonais Wronski faisait oublier Swedenborg. Tantôt le vin devenait une liqueur misérable; seul le *porter* avait été brassé pour développer les facultés intellectuelles. Une autre fois Van Eyck et les peintres primitifs remplaçaient ce « coquin » de Bronzino. Une femme à la tournure masculine devenait l'être le plus parfait de la création, et mille autres singularités.

Montaigne, La Fontaine, Molière, étaient trois hommes pour lesquels le poète manifestait volontiers son antipathie. Il les disait trop *sages*. Esprit névralgique, Baudelaire ne trouvait pas de résonnance à ses inquiétudes dans les œuvres des écrivains du dix-septième siècle (1). Les intelligences dévoyées, maladives, sombres, violemment grotes-

---

(1) Il faut noter toutefois la vive sympathie du poète pour Boileau : ces bizarreries sont rendues compréhensibles dans les études sur Baudelaire de Ch. Asselineau et de Th. Gautier. J'aurais pourtant désiré qu'un biographe insistât sur le côté particulièrement *rhéteur* de Baudelaire. Dans l'amphithéâtre mystérieux où le poète préparait ses cadavres, c'est en rhéteur qu'il accomplit sa besogne. Il parle souvent d'un certain *art de décadence*, mais qui n'en a pas moins ses lois, ses Manuels, ses Dictionnaires et sa rhétorique.

ques ou terribles répondaient en lui. Avant de se plonger dans Edgard Poë, il parlait fréquemment de Mathurin, l'auteur de *Melmoth*, de Lewis, d'Hoffmann ; de l'antiquité que Baudelaire possédait en lettré, il ne citait guère que Lucain et Apulée, les enchantements et les transformations jouant un certain rôle dans les *Contes* et la *Pharsale*.

Ce ne fut pas moins pour moi une source féconde d'enseignements que les conversations de Baudelaire, car j'écoutais attentivement l'homme qui avait beaucoup lu, beaucoup cherché et, grâce à un estomac intellectuel de vingt ans, je digérais sans peine ces fruits singuliers. D'ailleurs, nous nous entendions sur le comique et le grotesque.

Au début de la vie, Baudelaire m'enleva à l'admiration des choses de convention et me força souvent à raisonner, quelquefois à déraisonner.

Baudelaire était en 1846 une sorte de dandy, vivant avec un peintre qui ne le quittait pas et qui a laissé du poëte un fantastique portrait où se remarquent les agitations de cette nature préoccupée de bizarrerie.

Le costume jouait alors un grand rôle dans la vie de Baudelaire qui fatiguait son tailleur pour en obtenir des habits pleins de *plis*. La régularité faisait horreur à cette nature pleine d'irrégularités. Vivant au cœur de l'île Saint-Louis, Baudelaire étonnait les paisibles habitants de ce quartier par des toilettes singulières que remplaçait le lendemain une blouse recouvrant un élégant pantalon noir à pieds.

Suivi de *son* peintre, tous deux nu-tête, Baudelaire poussait des pointes dans le faubourg Saint-Germain et surprenait ses amis par des opinions excessives et tourmentées dont il ne se débarrassa jamais entièrement.

Ses adversaires l'accusaient de chercher à ne pas paraître *naturel*; en effet il ne parlait guère que de choses surnaturelles.

Un mot de Courbet qui plus tard peignit son portrait, fera connaître la nature extérieure du poète. — « Je ne sais, disait le peintre, comment « aboutir » au portrait de Baudelaire; tous les jours il change de figure. » Il est vrai que Baudelaire avait l'art de transformer son masque comme un forçat en rupture de ban. Tantôt sa chevelure ondoyait sur son col en boucles élégantes et parfumées; le lendemain, son crâne nu se teintait de nuances bleuâtres dues au rasoir d'un barbier. Un matin il apparaissait souriant, avec un gros bouquet à la main, semblable à Robespierre se rendant à la fête de l'Être suprême; deux jours après, la tête penchée, les épaules voûtées, on l'eût pris pour un chartreux creusant sa fosse.

Ceux qui ne connaissaient pas le poëte l'accusaient de toutes sortes de vices; et peut-être n'était-il pas fâché de passer pour un caco-démoniaque tant il craignait d'être pris pour une nature vulgaire. A la recherche d'un idéal étrange qui devait se traduire plus tard par le poème des *Fleurs du mal*, Baudelaire goûta aux divers poisons qui s'infiltrent dans le corps et l'esprit. Ainsi que le médecin qui se pique avec une flèche javanaise pour chercher un contre-poison, c'était en *savant* que Baudelaire étudiait les passions; mais sa conversation et son enthousiasme pour ses études faisaient que les gens naïfs, prenant le poète au pied de la lettre, le tenaient pour un être choquant.

Il était réellement *choquant* à première vue, tant le terre-à-terre lui inspirait d'horreur. Toute espèce de mot d'ordre le révoltait, qu'il partît de l'armée, de la démocratie ou du journalisme. Il eût fait un détour considérable dans Paris pour ne pas rencontrer un soldat, ayant été froissé dans sa jeunesse, disait-on, par le contact de militaires haut placés. Dans le *Salon de* 1846, Baudelaire, à propos des républicains, montre une étrange *férocité*.

« Avez-vous éprouvé, s'écrie le poète, vous tous que la curiosité du flâneur a souvent fourrés dans une émeute, la même joie que moi à voir un gardien du sommeil public — sergent de ville ou municipal, la véritable armée, — crosser un républicain? Et comme moi, vous avez dit dans votre cœur, « crosse, crosse un peu plus fort, crosse encore, municipal de mon cœur, car en ce moment suprême, je t'adore et te juge semblable à Jupiter, le grand justicier. L'homme que tu crosses est un ennemi des roses et des parfums, un fanatique des ustensiles, c'est un ennemi de Wateau, un ennemi de Raphaël, un ennemi acharné du luxe, des beaux-arts et des belles-lettres, iconoclaste juré, bourreau de Vénus et d'Apollon! Il ne veut plus travailler, humble et anonyme ouvrier, aux roses et aux parfums publics, il veut être libre, l'ignorant, et il est incapable de fonder un atelier de fleurs et de parfumeries nouvelles. Crosse religieusement les omoplates de l'anarchiste. »

Mais il ne faut prendre cet amour des *roses*, des *parfumeries* et des *coups de crosse,* que comme une boutade humoristique produite par les agacements que faisaient éprouver au poète, troublé dans ses visions, les démocrates de café et les conspirateurs d'estaminet.

Le manque de *personnalité* faisait tellement souffrir Baudelaire que, sans doute par crainte de certains rapports d'idées avec Heine et Stendhal, il détruisit tous les exemplaires qui restaient de sa première brochure sur les arts, un *Salon de* 1845, qu'il lui coûtait de reconnaître. L'utopie de cet artiste bizarre était de ne se présenter au public que maître de lui-même, dans toute sa force, et il faut l'estimer pour le respect qu'il eut de son œuvre.

Baudelaire sentit de bonne heure combien peu d'esprits comprendraient « le parfait *comédien,* » qui a analysé si subtilement les âcres parfums des *Fleurs du mal*; c'est pourquoi il resta près de quinze ans sans publier ces poésies dont la sensation fut grande.

Des natures simiesques s'emparaient de ses thèmes favoris (ceux de 1840 à 1844), les vulgarisaient et pouvaient faire paraître comme *réchauffé* ce qui était la résultante d'une opiniâtre concentration; déjà la réputation dorait les noms de quelques amis du penseur inconnu qui ne se pressait pas, attendant de la maturité de ses efforts le clou qu'il faut enfoncer solidement dans le mur où tant d'œuvres superficielles sont accrochées fragilement.

8

Le hasard vint en aide à la publicité. Un jugement correctionnel mit en lumière ce bouquet singulier, dont quelques fleurs furent arrachées par le tribunal comme vénéneuses ; mais l'artiste recueillit dans cette séance jusqu'aux suffrages de ses adversaires. L'avocat impérial, lui-même, prononça, chose nouvelle, un réquisitoire plus enthousiaste qu'accusateur. Le tribunal semblait comprendre qu'il avait affaire à un véritable poète, qui, depuis le silence des maîtres de 1830, *s'affirmait* nettement et montrait une griffe personnelle.

Je rencontrai Baudelaire avant l'audience.—« Vous serez certainement accusé de réalisme, lui dis-je. » Le poète poussa un cri de colère. Non pas qu'il craignît les horions et les ruades de l'opinion. Il les recherchait, au contraire ; mais il voulait recevoir, *seul,* les coups de bâton. Telle était sa marotte.

A peine levé, le procureur impérial prononçait le mot de *réalisme* et tenait le poète pour un de ses plus ardents sectaires. Baudelaire grimaçait sur son banc, irrité de la réalisation de mon pronostic.

J'ai dit ailleurs que le titre de *réaliste* serait imposé à tout homme de la nouvelle génération, par la raison que le public a besoin d'une étiquette (1). Le public qui ne craint

---

(1) « Les Français, dit à ce propos M. Sainte-Beuve, ont toujours un de ces sobriquets commandés à chaque mode nouvelle et que chacun répète comme une injure en se signant. »

pas d'enrégimenter un *mystique* parmi ses adversaires, se dit : « Il y a eu pendant trente ans un groupe d'écrivains et d'artistes connus sous le nom de *romantiques* ; tous ceux qui viendront plus tard seront étiquetés *réalistes* dans un premier classement, sauf à réviser les listes et à procéder au triage des individualités. »

Baudelaire sortira pur de ce triage. Il appartient à la famille des rêveurs inquiets, des chercheurs d'imprévu, et si ses morceaux de prose, élaborés péniblement, sont comptés pour quelque chose à côté de ses poésies, on trouvera une intelligence singulière qui, en haine du commun, dépassa souvent le but et s'insurgea inutilement contre la sérénité et la santé.

L'Américain Poë, dans lequel Baudelaire s'incarna pendant de longues années, n'est autre qu'une *curiosité* littéraire qui étonne mais qui ne remuera jamais la foule.

Le *public,* les *masses,* deux mots qui remplissaient d'indignation l'auteur des *Fleurs du mal.* Parce que certaines natures vulgaires ont le don de tirer des larmes du public et de l'intéresser, s'ensuit-il que l'artiste doive se parquer dans un coin pour répondre aux sensations de quelques *délicats* et crier à tous : *raca ?* Ce fut l'erreur de quelques intelligences et plus qu'aucun autre Baudelaire fut victime de cette erreur. Ne voulant ou ne pouvant rendre les sensations de la foule, il s'insurgea contre elle et affecta de se montrer terrible, impitoyable, cruel et féroce.

— Soyons étrange, se dit-il, comme d'autres s'étaient dit : soyons sublimes !

Et il releva ses compositions par des piments aigus, et il attifa ses héroïnes de clinquant, et la pourriture s'attaqua à de beaux corps.

— Pouah ! s'écriaient nombre de gens effarouchés.

Ce *pouah* ravissait le poète dédaigneux de chanter la jeunesse, l'amour pur, les tendresses maternelles, les joies de la famille. Il se montrait en public comme ces idoles chinoises aux yeux blancs effarés qui, une canne menaçante levée en l'air, ont arrêté des armées de Tartares; mais petit à petit le public, tout bonasse qu'il soit, reconnaît que ces féroces dragons, qui gardent l'entrée d'un livre, n'ont été posés là que pour l'épouvantail, et les railleries sont d'autant plus grandes que d'abord la terreur était vive.

Baudelaire, en sa qualité de grand artiste, doit au public un livre dégagé des fumées de l'opium.

Il revient avec complaisance dans ses œuvres sur le titre de « *parfait comédien.* »

Le parfait comédien est celui qui joue admirablement le *Misanthrope* et le mélodrame du *Monstre*. Shakespeare possède toutes les cordes, et Victor Hugo passe du bégayement des enfants à la *Légende des siècles*.

J'insiste à dessein sur les faiblesses d'un poète que j'aime, ayant souvent discuté avec lui sur ces points.

Or Baudelaire s'est trompé en s'habillant en croque-mitaine, croyant frapper plus vivement les yeux de la foule. En ce déguisement il mentait à sa propre nature, qui est celle d'un homme intelligent ayant beaucoup vu, beaucoup appris, beaucoup réfléchi.

Les hommes rougissent d'être naturels ! Combien en ai-je connu qui jouaient toute la vie des comédies à leurs dépens !

Celui-là affecte le dandysme de la débauche : il a une maîtresse uniquement pour le plaisir des sens, et, dans sa conversation, met à sac toutes les tendresses de cœur. Un jour la femme est prise d'une maladie incurable. A juger des discours habituels de l'homme, c'est une créature à envoyer à l'hôpital ; le prétendu débauché entoure la malade de soins, se ruine en traitements, et dépense sa fortune pour elle comme l'amant le plus tendre. Voilà où le véritable homme reparaît.

Celui-là chante l'amour sensuel sur tous les tons ; à l'entendre, c'est Don Juan. Il lui faut vivre avec des princesses et n'habiter que des palais enchantés, où trônent dans l'or et la soie de superbes infantes. Qu'on ne lui parle pas de famille : « Ce sont les *bourgeois*, s'écrie-t-il, qui aiment leurs magots d'enfants. » Pénétrez chez ce délicat, vous le trouverez entouré de mioches qu'il fait sauter sur ses genoux, et le tapage de toute cette marmaille est plus doux à ses oreilles que la symphonie des *Saisons*. Il affecte en toute occasion un calme olympien; je l'appelle un parfait garde national, et il est trop heureux, quoiqu'il ne veuille pas l'avouer, d'avoir conservé en lui la naïveté de sentiment d'un marchand de la rue Tiquetonne.

Ce peintre philosophe, qui méprise l'humanité, a fait fi pendant quarante ans d'honneurs et de décorations. Il estime que, seuls, les ambitieux font parade de tels hochets. Un jour l'homme est récompensé de ses travaux par un ruban que le directeur des Beaux-Arts lui décerne en assemblée publique, et voilà un philosophe que ses voisins sont obligés de soutenir. Il s'est quasi trouvé mal de joie!

Trop de brebis veulent paraître des tigres. C'est au point de vue du tigre que j'étudie le poète Baudelaire. S'il était réellement cruel et impitoyable, il eût écrit des niaiseries rimées pour les demoiselles à marier; étant *sensible* plus qu'il ne veut le paraître, il a exagéré les sombres peintures de ses poëmes.

Baudelaire a la force, la grandeur, l'image puissante, des indignations à la d'Aubigné. Qu'il monte ses cordes et qu'il en tire des sons graves et satiriques : l'époque y prête. Avec la langue savante dont il habille ses pensées, le poète tiendra une belle place, s'il veut oublier les romantiques de l'ornière qui ont imité seulement les défauts du maître, et n'ont pu le suivre dans ses éclatantes aspirations (1).

(1) Ceci était écrit vers 1863, alors que le poète vivait encore.

II

L'excès de bizarrerie de Baudelaire était certainement particulier au poète qui fut singulier en plénitude de toutes ses facultés ; une maladie accablante, en mettant ses sensations à nu, le montra sincère dans ses anciens goûts.

L'amour des fleurs tint jusqu'au dernier jour une grande place dans l'esprit de l'ami que je cherche à peindre. Mais les fleurs favorites de Baudelaire n'étaient ni la marguerite, ni l'œillet, ni la rose ; avec de vifs enthousiasmes il s'arrêtait devant des plantes grasses qui semblent des serpents se jetant sur une proie ou des hérissons accroupis. Formes tourmentées, formes accusées, tel fut l'idéal du poète. Il laissa à d'autres les marguerites en face desquelles il me tenait dans les derniers mois de sa vie des discours mimés pleins de mépris, ayant éprouvé sans doute plus d'un haut-le-cœur du fastidieux emploi des *m'aimes-tu ?* dont abusent les faiseurs de romances.

Ce qui est rouge, voyant, sonore, dentelé capricieusement, Baudelaire l'accueillait tout d'abord, sans s'inquiéter du parfum à en recueillir. Il préférait le dahlia à la violette. Je ne saurais mieux expliquer l'homme. S'il aimait une fleur dont les dessins me semblent à moi trop géométriques, c'est qu'elle venait d'au-delà des mers, qu'elle lui rappelait l'Inde, chère à son imagination.

Il y avait dans le poète du gentleman qui, jeune, ayant beaucoup voyagé, a rapporté d'outre-mer des goûts singuliers. En véritable Anglais, Baudelaire jamais ne se préoccupa du qu'en dira-t-on des masses.

Baudelaire fut un bon compagnon de jeunesse, point buveur comme on l'a trop imprimé, mais avide de discussions esthétiques en face d'une bouteille de porter. La farce le ravissait, à condition qu'elle fût excessive, et il ne m'en voulut pas d'avoir répandu le bruit que je l'avais rencontré un jour, appuyé sur la balustrade du pont des Arts, regardant dans l'eau les reflets d'une jolie perruque à frisures couleur bleu de ciel, remplaçant l'élégante chevelure qui, la veille, venait d'être rasée jusqu'à la chair par un coiffeur obéissant.

Une perruque *bleu de ciel*, Baudelaire l'admettait. Il a bien admis plus tard à son col une sorte de boa violet sur lequel bouclaient de longs cheveux grisonnants, soigneusement entretenus, qui lui donnaient quelque physionomie cléricale.

Un gros cahier sous le bras, en pleins Casinos, l'œil attentif, le poète ne pouvait se rassasier des déhanchements bizarres de jeunes dames que son ami, le peintre Guys, a représentées sombres, froides et abruties, pour l'édification des siècles futurs.

Dans les endroits les plus divers, bals publics, cabarets littéraires ou salons, Baudelaire entrait avec les signes d'une rare distinction. On ne saurait trop insister sur le caractère de parfait gentleman qu'il avait en propre et qui n'est pas sans rapport avec celui d'Edgar Poë. Les êtres vulgaires haïssaient l'homme, les femmes se plaisaient à l'entendre dérouler le chapelet de ses fantaisies, et les esprits distingués se reconnaissaient au cas qu'ils faisaient de cette nature pleine de distinction (1).

L'auteur des *Fleurs du mal* a laissé quelques amis intimes, — et je me compte au nombre de ceux-là — qui doivent à sa mémoire de la défendre contre les accusations de démence ou d'excentricité calculée qu'ont pu mettre au compte du poète ceux qui ne l'avaient pas pratiqué pendant de longues années.

Chacun des actes de Baudelaire, si excentrique qu'il fût, me parut toujours marqué au coin de la sincérité ; la *logique* était excessive chez le poète, et j'explique ses aspirations scientifiques par l'horreur que lui inspiraient l'*artisterie*, et le thème trop facile de conversation que l'art, jugé à la légère, fournit aux bavards et aux ignorants.

Physiquement et intellectuellement je ne saurais mieux peindre Baudelaire qu'en le comparant à un certain *Sprit*

---

(1) Théophile Gautier qui, dans l'intimité, a un vif sentiment critique, me disait en 1848 : — Baudelaire est un beau vase qui a une fissure.

d'une pantomime anglaise que nous vîmes représenter ensemble. Ce *Sprit* qui traversait le drame et apparaissait d'habitude les jambes en l'air, la tête en bas, était surtout remarquable par une flamme brillante au bout du nez. De temps en temps je regardais la stalle voisine de la mienne, me demandant si Baudelaire ne s'en était pas échappé à mon insu pour remplir le rôle de ce singulier *Sprit.*.

Le poëte, en effet, était d'une bizarrerie particulièrement britannique qui n'enlevait à sa personne ni le charme ni la cordialité.

Il se peut qu'on conclue que les amis de Baudelaire étaient eux-mêmes possédés à divers degrés de ce *Sprit* et jusqu'à un certain point une telle opinion offre quelque apparence de raison ; cependant je vois autour d'Hoffmann un cercle d'artistes dévoués, aimant le fantastique et pourtant sensés, qui admiraient le conteur et se plaisaient dans sa société sans être consumés par la dévorante flamme intérieure qui fait les véritables poëtes.

XXIV

BONVIN

Entre 1844 et 1845, on voyait sous les arcades de l'Institut de petites aquarelles que les étalagistes vendaient à de modestes prix.

Ces dessins, qui d'habitude représentaient des enfants, n'avaient rien de la manière affadie chère aux imbéciles, et faisaient penser à des croquis de Granet, un véritable maître qui n'est pas de mode aujourd'hui parmi les fanatiques de Greuze, et qui n'en a pas moins laissé des œuvres pleines de graves et sérieuses qualités.

Ainsi commença par une exposition sur les quais un modeste employé de l'Assistance publique qui voulait se rendre compte de l'effet produit par ses essais sur le public. Une partie de l'année, Bonvin était obligé de travailler à la lampe en sortant de son bureau; sans doute cette méthode le poussa-t-elle à exagérer la tendance un peu sombre qui, du fond de son cœur, se glissait malgré lui sur sa palette. L'été seulement, l'employé disposait de quelques heures le matin; et ces heures de jour, en même temps qu'il en jouissait, le faisaient souffrir par leur rareté, car il songeait à l'automne qui approchait, et à la terrible lampe.

Quitter la modeste place qui lui donnait une vie régulière, c'était se condamner à la misère, et le peintre sentait combien d'études lui étaient nécessaires avant d'entrer résolûment dans la vie artistique. Quelques curieux achetaient de temps en temps les petites aquarelles, mais de là à faire vivre l'homme, quelles difficultés! Cependant comme l'art était profondément ancré dans cette nature, et qu'après l'amour c'est le plus impérieux des tyrans, Bonvin obéit à la voix qui lui criait : « Laisse ta place ! Tu crois pouvoir devenir un peintre, laisse ta place! Veux-tu que ton nom soit entouré d'une auréole glorieuse, laisse ta place. Ne t'inquiète pas de demain, laisse ta place. Brave la misère, et laisse ta place ! »

Ils en parlent à leur aise des régularités de la vie et des pantoufles chaudes, ceux qui ne sentent rien bouillonner dans leur esprit. Tout pour ces natures vulgaires se résolvant en questions de pot-au-feu, la moindre tentative d'indépendance les étonne et les froisse. Ces êtres rangés ne se doutent pas que l'heure qui annonce le départ pour le bureau, que l'odeur du bureau, les conversations de bureau et jusqu'aux fainéantises du bureau sont une paralysie pour celui qui se dit qu'à cette même heure les passions se jouent au cœur des hommes qu'il est important d'étudier sur le vif, comme il faut étudier en plein soleil les physionomies sur lesquelles pointent ces mêmes passions.

Bonvin trouva qu'il y avait dans Paris assez de pauvres diables à la recherche d'une place d'employé et qu'il n'y avait peut-être pas assez de peintres. Il donna donc sa démission, se lança résolûment dans l'art et peu à peu il y conquit un nom honorable, malgré la difficulté que devaient lui créer ses essais de peinture vraiment moderne.

Il sortait du peuple, il peignit le peuple (1).

Il n'y a de véritablement intéressants que les artistes qui grandissent lentement, ayant tout contre eux, naissance, manque de fortune, et qui, à force de volonté, s'imposent au public. Évidemment si Bonvin eût habillé ses personnages d'habits à paillettes; s'il eût emprunté aux

---

(1) Toute sa généalogie est contenue dans une boutade du premier jour de ses noces. — Madame, dit-il à sa fiancée, rappelez-vous que vous entrez dans une famille de robe et d'épée : ma mère était couturière, mon père garde-champêtre.

vases grecs des motifs archaïques pour les colorer de pâles fadeurs ; s'il eût recouvert de toquets à plumes des mannequins habillés de pourpoints et chaussés de souliers à la poulaine, Bonvin eût été traité en enfant gâté par le public et par l'Administration qui naïvement prétend imprimer une direction aux Arts. Mais des dessins accentués d'hommes du peuple, de ménagères, d'enfants, des distributions de secours par les sœurs de charité, voilà de fameux spectacles à offrir aux yeux, s'écrient les gens qui prétendent qu'ils voient tous les jours des petites filles dans la rue, des ouvriers à la porte des ateliers, et qu'il n'est pas nécessaire de reproduire des scènes si vulgaires.

Ces êtres-là sont-ils bien certains de *voir* ? Ont-ils porté jamais quelque attention à leur voisin le serrurier penché sur son étau, qui taraude un écrou avec tant d'assiduité qu'il oublie de regarder par la fenêtre ? La représentation de cet ouvrier, certainement, n'est pas homérique : et pourtant quand, avec un morceau de fusain, un artiste peut intéresser à un travail si humble ; quand la jouissance qu'amène une besogne bien remplie se lit sur les traits du personnage ; quand l'ardeur qu'apporte l'ouvrier à la confection d'une simple virole passe dans chacun de ses mouvements ; quand l'artiste a su rendre la conscience professionnelle du serrurier, il n'y a plus ni vulgarité ni bassesse : il reste une de ces œuvres que Diderot dictait à

Chardin, après ses tournées dans les taeliers industriels.

Vers 1848, un certain nombre de romanciers, de poètes et de peintres allaient naïvement à la recherche du moderne et du simple sans qu'il y eût trace de groupe ni d'école. On ne pensait guère qu'il arriverait un jour où représenter les gens tels qu'ils sont deviendrait une sorte de crime. Comment se douter que l'archaïsme et les défroques de Babin seraient mis à l'ordre du jour ?

Tout ce qui *fut* devint admirable ; tout ce qui *est* sortait, disait-on, de plumes et de pinceaux empoisonnés de démagogie.

L'époque qui suivra celle-ci et qui examinera les travaux de cette génération et les cris qui accueillirent de sincères aspirations, croira rêver; mais la lutte a pour effet de retremper ceux qui doivent devenir des hommes : si dure et poignante que soit la lutte, elle est nécessaire.

D'ailleurs, quelques joies ne naissent-elles pas plus vives des rares sympathies qui se font jour à travers la mêlée ?

Bonvin vécut longtemps comme un alchimiste dans de grands ateliers du faubourg Saint-Jacques, pour se trouver au milieu des personnages qu'il aimait à peindre : à peine savait-il où était situé le boulevard des Italiens ! Travaillant jour et nuit pour rattraper le temp perdu dans les bureaux, son grand souci était de faire bien pour lui et non pour les autres. La conscience des véritables artistes est si singulièrement constituée qu'elle tient lieu de fortune, de commandes, d'honneurs.

Satisfais-toi toi-même fut la devise de Bonvin, préoccupé de son art, sentant que l'aspiration ne remplace pas les premières études et que l'homme le mieux doué est celui qui, vis-à-vis de lui-même, devient le plus sévère des juges.

XXV

HISTOIRE DE MADEMOISELLE M... ET DE MADEMOISELLE P...

De 1844 à 1850, quelques femmes jouèrent un rôle important dans le drame réel de la vie de Bohème. C'étaient de singulières créatures, attirées plutôt par la curiosité que par l'argent ; du moins celles qui savaient compter ne faisaient que poser le pied dans le cénacle, et on ne s'en inquiétait guère plus que de l'oiseau qui passe.

Les bals, les théâtres, les brouilles, les raccommodements, les discussions poétiques entre poëtes, artistiques avec les peintres, sociales avec les apôtres de religions nouvelles, la pourchasse à l'argent, la nargue aux huissiers et aux propriétaires, l'amour de tous ces fous de vingt ans, leurs naïves jalousies, remplissaient suffisamment la tête et le cœur de celles qui voulaient bien associer leurs destinées aux nôtres.

Entre quelques-unes, dont le souvenir est resté plus particulièrement attaché au groupe, il en faut citer deux qui, ne se ressemblant en rien, purent vivre longtemps en bonne intelligence : l'une brune et rieuse, l'autre blonde et mélancolique, l'une d'une excessive coquetterie, l'autre fidèle et dévouée.

La coquette, vive et toute d'extérieur, rêvait sans cesse de nouvelles conquêtes ; la fidèle était languissante et regrettait toujours le dernier ingrat qui l'avait abandonnée.

Mademoiselle M... riait des blessures qu'elle faisait au cœur de ses adorateurs ; Mademoiselle P... pleurait toutes les larmes de son corps sur le vide de ses affections.

Toutes deux aimables se laissaient aller aux hasards de la vie de jeunesse.

Elles servaient de trait-d'union entre la poésie et la peinture, entretenant entre ces arts des liens amicaux si adroitement tissés, que personne n'en soupçonnait la trame.

Poëtes et peintres semblaient aimés exclusivement, celui-ci pour ses vers, celui-là pour ses tableaux. Aucun d'eux n'eût admis que la poésie et la peinture se donnaient si étroitement la main. Cela se passait pourtant ainsi ; mais le bandeau que l'amour attache sur des yeux de vingt ans, est d'une épaisseur inconnue aux sujets somnambuliques.

La vérité est que les peintres vivaient des miettes de l'amour des poëtes. D'un côté et d'autre, on l'ignorait, et comme plus d'une femme tient l'ignorance pour une absolution, Mademoiselle M..... et Mademoiselle P....., la conscience en paix, entrelaçaient dans un même trophée amoureux, une palette, une plume, un ébauchoir et même une cornue, car la science également apparaissait quelquefois, dans le lointain, sous la forme d'un jeune étudiant.

Je ne raconte pas sans but ces premières amours. Mademoiselle M... et Mademoiselle P... devaient suivre plus tard des chemins divers, et sans prétendre moraliser, il faut dire comment se termina leur existence agitée.

La coquette, la vive, la légère, quitta la première la Bohème. Elle avait de l'esprit. Tous ceux qu'elle avait connus jeunes songeaient eux-mêmes à s'isoler dans le travail pour mettre à profit les premiers enseignements de la vie. Elle comprit qu'il n'y avait pas d'avenir à attendre des poëtes et des peintres nouveaux, dont il eût fallu faire l'éducation, comme ces Ninon de l'Enclos du quartier latin qui élèvent plusieurs générations d'étudiants.

Le cénacle allait se disperser. Peintres et poëtes avaient terminé leurs études ; ils devaient dire en prose et en vers, sur le marbre et sur la toile, quelles Laure ils avaient rencontrées, combien ils les avaient aimées et combien ils avaient souffert pour elles.

Amoureux et amoureuses ne s'étaient point juré de serments éternels: entre eux, pas de chaînes pesantes ; on se séparait sans récriminations, sans amertumes, le cœur plein de souvenirs.

Mademoiselle M... et Mademoiselle P... ayant pris leur volée, on n'en entendit parler que beaucoup plus tard.

La mélancolique semblait la plus à plaindre. Faisant fonds d'habitude sur des affections qui sans cesse s'effondraient, elle plaçait trop facilement son cœur ; ce qu'elle trouvait au fond de celui des poëtes ne ressemblait guère à son idéal. Toujours elle y rencontrait une rivale inquiète et dominatrice, la soif de la réputation qui n'admettait pas de partage sur son trône ; aussi la pauvre fille en avait-elle conservé un caractère particulier de mélancolie, pour avoir frappé à des gîtes, non pas inhospitaliers, mais semblables à ces couvents où les voyageurs ne sont reçus que pendant quelques jours.

Cependant Mademoiselle P..., ayant rencontré un jour un homme qui n'était pas condamné à faire des expériences avec ses propres affections, essaya de faire oublier son passé, vécut auprès de lui modestement, et prouva qu'il ne manque souvent à une femme qu'un galant homme pour la remettre dans le droit chemin.

Quant à Mademoiselle M..., continuant à faire des victimes, de leurs dépouilles elle était arrivée à posséder une certaine fortune.

Ayant fait son éducation avec des gens d'esprit, elle s'en servit pour atteler à son char de riches étrangers, pris surtout par le piquant parisien. Devenue positive sous une apparence fantasque, Mademoiselle M... avait certainement appris les quatre règles, comme le prouva une aventure dont le dénouement courut les petits journaux.

Qu'allait-elle faire à Alger? Elle ne le confia à personne, sauf à un fonctionnaire d'un ordre élevé, qui, lui-même, pour avoir passé par la Bohème, était devenu son confident. Mademoiselle M... désirait lui laisser en dépôt, pendant son absence de Paris, une centaine de mille francs. Celui à qui elle s'adressait n'était plus le jeune homme insouciant de quelques années auparavant; aussi ne consentit-il pas à se charger de ce dépôt.

Avec cette somme, Mademoiselle M... s'embarqua sur un des bateaux à vapeur qui font habituellement le service entre Marseille et Alger. Par un accident rare dans une si courte traversée, le bâtiment sombra avec tous ses passagers, sans laisser aucuns vestiges, engloutissant au fond de la mer Mademoiselle M..., et son or si péniblement gagné.

Je ne suis pas grand partisan des *pendants* où la coquette trouve son châtiment en regard de la fidèle récompensée; ici pourtant la réalité se plut à réaliser un de ces pen dants. Presque à la même époque, Mademoiselle P... fut épousée par celui auprès de qui elle vivait honnêtement, et la nature doubla la récompense en donnant un enfant à celle qui avait été sincère dans ses affections.

De Mademoiselle M..., il ne reste rien qu'un souvenir fugitif. Quelques hommes de sa génération, en revoyant leurs poëmes, leurs romans, leurs tableaux, leurs statues, se rappelleront qu'à un moment ils fixèrent le meilleur de la coquette : la fleur de sa jeunesse, un sourire, une saillie, un air de tête, un refrain chanté d'une voix claire. Le reste valait peu de chose et put être vendu fort cher aux gens qui ne recherchent que l'amour frelaté.

XXVI

BRUMES ET ROSÉES

I

« *Il faut vouloir une chose, la vouloir tout entière, la vouloir toujours, et alors on l'obtient,* » disait Maupertuis.

De tous mes amis, je n'en connais pas qui ait été plus gouverné par cette tenace volonté que Chintreuil, le peintre des pommiers en fleurs, des rosées matinales et des bruyères.

Longtemps je perdis de vue mon ancien compagnon de librairie ; il courait les champs, je suivais les sentiers de la Bohème, et Chintreuil, d'une nature délicate et timide, fuyait nos discussions artistiques traversées par d'énormes farces.

Que d'efforts ne dut-il pas dépenser pour rendre, même maladroitement, son sentiment intérieur ! Tous désespéraient de son avenir en voyant la sécheresse des esquisses accrochées aux murs, la forme grêle des arbres, la pauvreté de ton ; tous regrettaient que Chintreuil n'eût pas continué son métier de commis-libraire. Tous déploraient le fâcheux entêtement qui lui mettait le pinceau en main.

Et cependant, qui sait où peut conduire un tel entêtement, c'est-à-dire la volonté persistante !

Chintreuil, n'osant aborder tout d'abord la nature corps à corps, alla demander des conseils à Corot. Le bonhomme lui prêta des liasses d'études peintes en Italie, qu'il prodiguait à tout venant : notes positives et froides sans relations apparentes avec les brumes matinales du plus poétique des maîtres de notre époque ; mais il en est de ces esquisses exactes, comme des difficultés algébriques cachées sous l'orchestration d'une mélodie. Corot, jeune, s'était rompu la main par ces études sévères et véritablement classiques.

Chintreuil s'enferma dans son grenier, meublé seulement des motifs qu'on lui avait confiés, vivant au milieu de quartiers populeux où il n'y avait traces ni d'herbe ni de verdure ! Après avoir épelé cette grammaire de la nature, l'ancien commis-libraire pensait aux jours heureux où il lui serait permis de vivre au milieu des bois.

Nettes et précises, les études de Corot offraient nombre de difficultés. L'apparence du grand dans les arts s'obtient quelquefois par des tricheries; mais le naturel, voilà qui ne laisse place à aucune surprise. Chintreuil arrivait à peine à rendre ces esquisses dans leur simplicité, et si, fatigué de les copier, il essayait de reproduire quelque nuage entr'aperçu à travers les cheminées des mansardes voisines, une voix critique se faisait entendre qui étouffait les satisfactions d'un orgueil naissant.

Pourtant le peintre ne se désespérait pas de ses vains efforts, pas plus que l'insecte des plages de la Méditerranée, qui a trouvé une petite boule de fumier, utile pour son emmagasinement d'hiver. Les pattes appuyées contre la boule, il la pousse, et à chaque poussée son corps, par suite d'une trop vive impulsion, passe par-dessus la boule qui a avancé d'un millimètre à peine. Qu'importe ! le frêle insecte recommence sans cesse et toujours, tombe, se relève, tombe encore, revient sur ses pas ; et après une journée d'obstiné labeur, ce fumier tant convoité a franchi un espace considérable, — la valeur d'une enjambée d'homme.

On sourit de semblables efforts. Celui qui entreprend de s'illustrer par les lettres, les sciences et les arts, doit apporter autant de ténacité : son chemin n'est guère plus rapide que celui de l'insecte.

Chintreuil, pour se retremper, allait rendre visite à Corot, qui soutenait son courage, le relevait dans ses défaillances, lui faisait entrevoir l'avenir, et un jour le combla de joie par ces mots qui peignent le bonhomme : « — A présent, *mon amour*, il faut marcher tout seul (1). »

Marcher seul, en face de la nature, en plein air, au soleil, cela semble facile. Mais les horizons de la vie d'un paysagiste sont rembrunis comme ceux d'un sombre orage. Imposer aux acheteurs de gais coteaux, des prairies vertes, des pommiers en fleurs! Le gros public a soif de jouissances plus matérielles.

Chintreuil jugea sainement la situation. Le cénacle de la rue d'Enfer ne le poussait pas à continuer une vie de privations à laquelle quelques-uns avaient déjà succombé, et qui devait enlever Mürger plus tard. Il alla trouver Béranger, et cette heureuse inspiration fit que le peintre put se développer, soutenu par l'affection constante du poëte.

Jusqu'à sa mort, Chintreuil fut l'hôte de la maison ; on a des preuves touchantes de la sympathie que lui portait le chansonnier, par de nombreuses lettres adressées à différents personnages pour les intéresser à son protégé. « Sa noble résignation, sa délicatesse de sentiment, écrivait

---

(1) Ce mot a été recueilli par un esprit délicat qui, le premier, a rendu justice au paysagiste : *Chintreuil, esquisse biographique*, par Frédéric Henriet. Paris, impr. Claye, 1868.

le vieux poëte, m'ont vivement attaché à lui, au point de souffrir moi-même des maux qu'il endure et que je ne puis adoucir que trop faiblement. » Dans une lettre à Thoré, Béranger disait encore : « Vous aimerez certainement ce talent exquis qui n'a pour partisans que les connaisseurs qui, comme moi, n'ont pas le sou dans leurs poches. »

Béranger, dans son désir d'être utile à ceux qui l'entouraient, abusa peut-être des lettres de recommandation; mais il disait vrai dans ces lignes et caractérisait nettement « le talent exquis » de l'homme plein d'une « noble résignation. » Échappant à la paralysante misère, Chintreuil put, dès lors, envisager plus tranquillement l'avenir, soutenu par le chansonnier, qui le traitait en enfant de la maison.

Le vieux poëte s'associait-il entièrement aux aspirations du peintre? Souvent Béranger regrettait l'absence de personnages dans les paysages de son ami. Une plaine riante des environs de Paris, une guinguette aux volets verts, de joyeux buveurs attablés sous la tonnelle, eussent répondu plus directement à l'idéal du chantre de *Madame Grégoire*.

II

On ne décrit pas un paysage de Chintreuil : c'est une émotion. Comment rendre la tendre verdure du printemps, les pâles verdures qui annoncent l'hiver ! Peinture mélancolique et inquiète comme la biche traversant une clairière. Les lakistes anglais pourraient seuls traduire dans leurs poésies discrètes ces sentiers à demi effacés, chers aux rêveurs.

On reconnaît un ami de la solitude à ces paysages où les genêts et les aubépines poussent en liberté. Personne n'est assis près de l'étang paisible au-dessus duquel passent en jetant un coup d'œil les nuages paresseux. Personne au pied des grands peupliers inclinant doucement leurs têtes sous les caresses du vent. Les seigles commencent à mûrir, les pommiers sont en fleur, Avril s'enfuit pour faire place à Mai : les bourgeons se déchirent; déjà pointe la langue verte et dentelée des tendres feuilles du printemps. A l'automne les brouillards transparents s'élèvent dans la campagne; les feuilles jaunissent; la terre se teinte des dépouilles des arbres.

Voilà les motifs favoris de Chintreuil qui rarement a peint la fleur épanouie, le fruit dans sa maturité. Les transitions de l'hiver au printemps, de l'été à l'automne, la poétique mélancolie qui s'attache à ces transformations, telles sont les difficultés avec lesquelles lutta l'homme, et il faut des natures délicates pour le comprendre.

Le diable, se promenant un jour dans la campagne, rencontra un peintre occupé à dessiner un arbre.— « Il faut, Seigneur, dit le diable, que vous soyez amoureux. » — Le peintre, étonné, regardait le diable. — A la façon dont cet arbre apparaît sous votre crayon, je gage que vous êtes amoureux.

Cette légende explique l'inquiétude de Béranger pour son ami. Le diable eût constaté plus de mélancolie que d'amour dans les tableaux de Chintreuil.

— Je m'y connais, me disait Béranger; moi aussi j'ai écrit sur la peinture, pour les entreprises de Landon.

Et Béranger parlait des paysages historiques de Valenciennes, de Michalon et de Bertin, *animés* de groupes académiques. Le chansonnier insistait là-dessus, que même les classiques, malgré les grandes lignes et l'ordonnance de leurs compositions, n'avaient pu se passer de figures. Chintreuil souriait et ne suivait pas ses conseils. Il avait une foi d'apôtre, et il essayait de la faire partager au chansonnier, lui expliquant que le public était las d'une école qui avait abusé du *pittoresque,* des dames empruntées à Watteau, des chameaux, des singes, des Turcs, des murs délabrés, des lianes, des vieilles villes normandes, et qu'à cette heure il était temps de représenter la nature dépouillée de tout artifice.

Corot avait le premier percé les brumes du matin; il montra que l'aube et la rosée avaient une valeur. A peine cette voie tracée, de jeunes talents obéirent à la parole du maître. Entre autres, Chintreuil sut se créer une place à côté de la personnalité robuste et poétique de celui qui avait lutté trente ans avant de se faire accepter ; mais Béranger, tout en admirant la foi de son protégé, s'occupait plus de politique que d'esthétique.

La révolution de 1848 éclata. Les temps étaient orageux, et à côté du chansonnier voué à la politique, était assis un être assez naïf pour s'intéresser à une allée de pommiers.

Les gens armés descendaient dans la rue : on n'entendait que des bruits de crosses de fusils résonner sur le pavé. Combien était tendue la situation ! Plus qu'un autre, Béranger s'en inquiétait. Pour soutenir le nouveau gouvernement, il cherchait des hommes ; Chintreuil cherchait de grandes prairies où la verdure repose les yeux.

L'émeute un jour éclatait. Fusillades, barricades, massacres sanglants. Béranger s'en lamentait. Aux environs de Paris, le paysagiste voyait l'herbe pousser, le feuillage s'épaissir, et la fade odeur du sang versé n'arrivait pas jusqu'à lui.

L'Assemblée pouvait être envahie, les hommes s'immoler entre eux : le peintre n'entendait que le chant des oiseaux. Ce n'était guère la succession des gouvernements qui l'inquiétait, mais les douces émotions causées par un nuage pourpre qui se teint de lilas, s'irrise, se confond dans de vastes nappes moutonneuses et rentre dans l'égalité de la nuit.

On traite d'égoïstes les artistes qui ont la force de ne

pas s'occuper de politique. Quel égoïsme que celui de ces hommes qui, pour quelque renommée, se consument en efforts, subissent mille privations, et enseignent à regarder ceux qui ne savent pas voir !

L'art *ou* la politique, et non pas l'art *et* la politique.

Entraîné dans la politique, l'artiste ne s'appartient plus. Plein d'amertumes et de haines, il rêve la chute d'un gouvernement et se dit : « Je ne reprendrai mes pinceaux qu'après la ruine d'un état de choses que j'exècre. » Chaque jour, les regrets s'ajoutent aux regrets; l'homme souffre de son inaction. Il sent dans quelle voie tortueuse il est entré; il vit avec des mécontents qui ajoutent à ses mécontentements intérieurs.

Que l'esprit de l'artiste vibre au récit des misères, que l'homme soit ému de la souffrance, que la tyrannie pèse sur lui, rien ne doit l'empêcher de croire à l'art.

Il se peut que l'arrivée au pouvoir d'un ambitieux quelconque soit utile au progrès de l'humanité ; mais le paysagiste joue également son rôle dans la civilisation. Aussi m'étendrai-je en toute liberté sur ces humbles artistes qui se contentent de vivre de peu, et offrent par leur pinceau des consolations aux âmes délicates.

Aux jours de fête du cénacle de la rue d'Enfer, nous traversions la plaine de Montrouge pour nous ébattre dans les campagnes voisines : à Châtillon, à Bagneux, à Fontenay-aux-Roses, à Châtenay, à Bourg-la-Reine, pays pleins de fleurs et de fruits, campagnes fertiles et sinueuses où les bois succèdent aux champs, les étangs aux jardins, les collines aux vallées. Du haut de Châtillon, bâti sur une éminence, les horizons de Paris apparaissent, non plus blafards ni de plâtre, mais bleus et poétiques. Une route ombragée de cerisiers mène de Sceaux à Bagneux ; à Aulnay, les chalets sont entourés de pampres, de clématites et de vignes-vierges. C'est la nature parisienne variée, coquette, derrière laquelle se cachent des coins ignorés et touffus, traversés par la Bièvre.

Ce fut là que, plus tard, Chintreuil planta sa tente. Les environs d'Igny fournirent ces moissons de tendres verdures, de saulaies, d'horizons, qu'il faut avoir vus dans l'atelier du peintre pour comprendre la poésie cachée à quelques pas des fortifications de Paris.

Ai-je bien rendu la sensation que donne un paysage de Chintreuil ? On est arrivé aujourd'hui à tirer de l'encrier des descriptions qui se *voient* presque autant que de la peinture ; ces merveilleuses descriptions, je les remplace par un morceau poétique peu connu :

> L'herbe était blanche de gelée ;
> Un long brouillard à l'horizon
> Cachait le fond de la vallée.
> Le coq finissait sa chanson.

> Le soleil perçait le nuage.
> C'était le matin d'un beau jour ;
> Et, sur l'arbre encor sans feuillage
> Déjà l'oiseau chantait l'amour.
>
> Le ciel sur la plaine éclaircie
> Rayonne, et rend les prés fumants,
> Le givre fond, et la prairie
> Est couverte de diamants.
>
> La rivière longe, profonde,
> Le chemin au pied du coteau ;
> Et, fier de saluer le monde,
> Le soleil se mire dans l'eau !
>
> Dans tout je lisais le présage
> Du doux printemps que nous aimons.
> Un vent frais frappait mon visage,
> J'aspirais l'air à pleins poumons.
>
> Faible et chétive créature,
> Au loin mon âme s'envolait.
> Dans le calme de la nature
> C'était Dieu même qui parlait ! (1)

Mais combien de telles sensations poétiques sont difficiles à faire pénétrer dans l'esprit du public, surtout quand il faut débuter sans fortune, sans nulle adresse de main, remplacer le beefsteak par l'espérance de se faire un nom, prendre pied petit à petit, imiter d'abord, dégager sa personnalité de celle d'un maître puissant, émouvoir avec des bruyères, une prairie verte ! Tel fut le

(1) *Promenade du matin*, par Antoine Clesse, poëte belge.

lot de Chintreuil ; mais n'était-il pas voué fatalement par son nom au paysage (1) ?

(1) *Cheintre* en patois veut dire une lisière de bois autour d'une terre. Les paysans disent : — Voilà une *cheintre* dans laquelle il y a de beaux cènes.

XXVII

COURBET

I

Certains jeunes gens, plus enthousiastes que critiques, qui écrivaient dans les petits journaux en 1848, s'étaient réfugiés dans une feuille satirique, le *Pamphlet*. A la faveur du bouleversement politique, toutes sortes d'idées personnelles étaient permises. De Courbet j'écrivais :

« On n'a pas assez remarqué cette année au Salon, une œuvre grande e forte, la *Nuit classique de Valpurgis*, peinture provoquée par l'idée générale du Faust.

» Je le dis ici, qu'on s'en souvienne! Celui-là, l'inconnu qui a peint cette *Nuit*, sera un grand peintre. La critique, dont le devoir est de découvrir les talents naissants, l'a oublié.

» Le peintre s'appelle Courbet. Il est parti dans les montagnes, allant courir après la nature qu'il ne voyait plus depuis la république.

» Courbet débutait avec dix toiles : un immense tableau, des portraits, des paysages, des dessins. Signe de force que cette fécondité et que cette abondance de moyens divers.

» Courbet envoyait à la faveur de la révolution, car le jury académique aurait tout refusé, des peintures très-remarquables et qui ont été peu remarquées. C'est la condamnation du jury et de la critique. »

De la libre exposition de 1848 il résulta pourtant un enseignement.

La justice se faisait des œuvres, prompte et rapide, par le cri public plus que par la critique. Les huées atteignaient directement le malheureux qui osait se dire artiste, et des couronnes de foin furent attachées à des tableaux grotesques.

On n'a pas malheureusement renouvelé depuis cette tentative (1).

Quand on voit la quantité d'œuvres médiocres, de fades portraits officiels, de misérables commandes, de batailles si pauvrement peintes qui emplissent nos expositions, il faut regretter la liberté du salon de 1848.

Courbet bientôt allait faire sensation à l'exposition de 1849. Une autre feuille satirique me permit, encore une

(1) Ces *Mémoires* étaient écrits avant le *Salon des refusés*, système que l'administration a eu tort de ne pas pousser à l'extrême Qu'importe que le public rie avant d'entrer, il faut faire l'éducation du public.

fois, d'exposer mon libre sentiment sur les œuvres les plus caractéristiques de l'exposition.

« Courbet force les portes du Salon avec neuf tableaux. Personne hier ne savait son nom : aujourd'hui il est dans toutes les bouches. Depuis longtemps on n'a vu succès si brusque.

» Seul, l'an passé, j'avais dit son nom et ses qualités ; seul j'ai parlé avec enthousiasme de quelques tableaux enfouis au dernier salon, dans les galeries du Louvre.

» Je ne me suis pas trompé, j'avais raison. Aussi m'est-il permis de fouetter l'indolence des critiques qui s'inquiètent plus des hommes acceptés que de la jeunesse forte et courageuse, appelée à prendre leur place et à la mieux garder peut-être.

» Courbet a osé peindre un tableau de genre de grandeur naturelle. C'est à la campagne, un soir ; après la chasse on a dîné gaiement. Sous la cheminée grande comme une porte-cochère, un jeune homme joue du violon. Le chasseur allume sa pipe, et un vieillard, tout en caressant son verre, écoute, les épaules voûtées, pendant qu'un énorme boule-dogue étendu se laisse aller à ses pensées.

« Ce tableau peut être mis hardiment dans les musées flamands, au milieu des grandes assemblées de bourgmestres de Van der Helst, il ne faiblira pas.

» Des dessins au fusain, cinq ou six paysages, complètent l'exposition de Courbet. Les paysages représentent presque tous des environs de Besançon, des montagnes et des roches qui ressemblent à des forteresses, paysages solides à couper au couteau. Ils n'ont pas le charme voilé des œuvres poétiques de Corot ; mais ils ont la qualité suprême de l'horreur de la composition. Courbet, avant peu d'années, sera un de nos plus grands artistes. »

A partir de 1849, Courbet exista, car le tableau de l'*Après-dîner à Ornans* fut accepté sans contestation par la foule et par le jury qui acheta cette belle toile, actuellement au musée de Lille.

Retiré dans la petite ville d'Ornans, Courbet m'écrivait :

» Depuis que je vous ai quitté, *j'ai déjà fait plus de peinture qu'un évêque n'en bénirait.* » Par ce mot on peut juger de l'homme qui, malgré son séjour à Paris, a conservé l'essence du paysan franc-comtois.

Courbet se préparait alors à l'exposition de 1851 par une série de tableaux importants, entre autres l'*Enterrement à Ornans* et les *Casseurs de pierres*.

Ce dernier tableau il me le décrivait ainsi dans une lettre :

« Je n'ai rien inventé, cher ami ; chaque jour allant m'y promener (*sic*), je
» voyais les personnages (les casseurs de pierre) si misérables. Dans cet état,
» c'est ainsi qu'on commence, c'est ainsi qu'on finit. Les vignerons, les cul-
» tivateurs, que ce tableau séduit beaucoup, prétendent que j'en ferais un
» cent que je n'en ferais pas un plus vrai. »

Quand on pense au scandale que produisit au Salon de 1851 cet envoi de tableaux considérables, il est utile de mettre en regard la lettre que m'écrivait Courbet à propos de l'*Enterrement à Ornans*. On a tellement accusé le peintre de système, de parti pris, de charlatanisme, que la meilleure réponse à faire aux curieux, aux ignorants et aux gens rusés qui veulent transporter leur propre ruse dans l'esprit de chacun, est d'imprimer quelques lignes confidentielles dans lesquelles le peintre rend compte de ses travaux :

« Ici les modèles sont à bon marché, tout le monde voudrait être dans
» l'*Enterrement*; jamais je ne les satisferai tous, je me ferai bien des enne-

» mis. Ont déjà posé le maire qui pèse 400, le curé, le juge de paix, le
» porte-croix, le notaire, l'adjoint Marlet, mes amis, mon père, les enfants
» de chœur, le fossoyeur, deux vieux de la Révolution de 93 avec leurs
» habits du temps, un chien, le mort et ses porteurs, les bedeaux (un des
» bedeaux a un nez comme une cerise, mais gros en proportion et de cinq
» pouces de longueur), mes sœurs, d'autres femmes aussi, etc. Seulement je
» croyais me passer des deux chantres de la paroisse, il n'y a pas eu moyen ;
» on est venu m'avertir qu'ils étaient vexés, qu'il n'y avait plus qu'eux de
» l'église que je n'avais pas *tirés*. Ils se plaignaient vivement, disant qu'ils
» ne m'avaient jamais fait de mal et qu'ils ne méritaient pas un affront sem-
» blable, etc. Il faut être enragé pour travailler dans les conditions où je me
» trouve, je travaille à l'*aveuglotte*, je n'ai aucune reculée. Ne serai-je
» jamais casé comme je l'entends! Enfin dans ce moment-ci je suis sur le
» point de finir cinquante personnages grandeur nature, avec paysage et ciel
» pour fond, sur une toile de 20 pieds de longueur sur 10 de hauteur. Il
» y a de quoi crever ; vous devez vous imaginer que je ne me suis pas en-
» dormi. »

Courbet n'en dit pas plus ; il ne parle pas du scandale que produira son tableau, scandale prémédité, selon la critique. Si on doit chercher la véritable pensée d'un homme, n'est-ce pas dans les lettres confidentielles à un ami ?

La seule récrimination de l'artiste est contre le peu de *reculée* de son atelier. C'était un grenier étroit, une sorte de boyau. On a peine à croire qu'une œuvre comme l'*Enterrement* ait pu être exécutée dans des conditions si difficiles ; mais l'amour de l'art fait passer par-dessus tant d'obstacles !

Plus tard seulement Courbet apprit quel épouvantail

il était devenu par ses envois au Salon de 1851, et cependant il envisageait la situation avec sérénité :

« Oui, mon ami, il nous manque un soubassement de trente mille francs pour répondre à toute éventualité ; malgré tout il ne faut pas s'épouvanter. Quand je jette un coup d'œil rétrospectif et que je vois où nous sommes déjà arrivés sans le sou, ça me paraît encourageant, car le plus difficile est fait. Il faut bien se le mettre dans la tête : plus on nous niera, plus on déblatérera contre nous, plus on nous grandira, plus on nous donnera d'avenir ; car chaque année qu'on nous enlève dans ce moment-ci équivaut à dix ans d'avenir.

» Il m'est difficile de vous dire ce que j'ai fait cette année pour l'Exposition, ajoutait Courbet, j'ai peur de mal m'exprimer. Vous jugeriez mieux que moi si vous voyiez mon tableau ; d'abord j'ai dévoyé mes juges, je les mets sur un terrain nouveau ; j'ai fait du gracieux, tout ce qu'ils ont pu dire jusqu'ici ne sert plus à rien. »

Hélas ! ce que Courbet appelait *du gracieux* devait fournir une mine de plaisanteries aux vaudevillistes. Il s'agissait des *Demoiselles de village,* cet admirable paysage que la critique ne put comprendre et que diverses expositions postérieures ont montré comme l'expression la plus sincèrement puissante de la nature.

De ce tableau, Courbet aurait pu dire déjà ce qu'il m'écrivait plus tard, accablé de luttes et conservant pourtant sa bonne humeur : « Les gens qui veulent juger auront de l'ouvrage, ils s'en tireront comme ils pourront ; car il y a des gens qui se réveillent la nuit en sursaut et criant : *je veux juger, il faut que je juge.* »

Raviver la discussion à propos des œuvres de Courbet est inutile.

Les fantaisies de jeunesse de l'artiste, son éducation, la bonne fortune qu'il eut de rencontrer un professeur qui jeta en lui des graines d'indépendance, feront connaître mieux l'homme que des négations ou des affirmations.

II

Surtout les ascendants de l'artiste me préoccupent. Un ami de jeunesse du peintre, Max Buchon, dans une longue lettre, a dessiné à mon intention de curieux croquis, entre lesquels se détache le profil du vigneron Oudot, grand père de l'artiste : « Ardent révolutionnaire de 93, sachant par cœur, sans être pourtant lettré ni prétendre à l'être, bon nombre de passages des tragédies de Voltaire, ne doutant jamais de lui, extrêmement affirmatif, brusque et grossier au besoin dans la discussion ; du reste, d'une probité virginale et au fond d'une mansuétude parfaite, avec une réputation de vigneron consommé, voilà l'homme. »

On pourrait dire, voilà le peintre. La meilleure partie des qualités du vieil Oudot a passé dans le sang de Courbet par l'influence maternelle ; l'application que portait le vigneron à la terre, l'artiste l'a montrée pour la peinture.

Des portraits de femmes, la grand'mère et la mère doivent être cités, braves ménagères, travailleuses, économes

« ne dînant jamais à table et servant les hommes; » mais les femmes sont en hérédité les petits poids de l'horloge, elles jouent un rôle discret, de second plan. Leur influence se fait sentir chez l'artiste par l'ordre appliqué au désordre. Les qualités d'économie, de sociabilité sont issues de leur sang. Audaces, aspirations à la gloire, résistance des nerfs dans les luttes artistiques me paraissent appartenir aux ascendants mâles. Du moins l'ai-je remarqué chez divers hommes considérables dont j'ai pu étudier les parents.

« La mère de Courbet, ajoute Max Buchon, est une femme tenace, affirmative, de bon sens, affectueuse, simple et bonne. Le père est beaucoup plus idéaliste, parleur sempiternel, très-amoureux de la nature, sobre comme un Arabe grand, élevé sur jambes, très-beau garçon dans sa jeunesse, d'une affectuosité immense, ne sachant jamais l'heure qu'il est, n'usant jamais ses habits, chercheur d'idées et d'améliorations agronomiques, inventeur d'une herse de sa façon et faisant, malgré sa femme et ses filles, de l'agriculture qui ne lui profite guère. »

Un mot est à souligner dans ce croquis, le mot *idéaliste*, qui peut étonner comme caractéristique d'un cultivateur ; mais on l'emploie à Ornans, même à propos d'une discussion relative à des terrains. Ce pays a produit tant de philosophes, d'idéologues et d'utopistes que des bribes de langue métaphysique ont pénétré jusque chez les paysans.

Si le père de Courbet est un idéaliste, l'artiste l'a été

autant que son tempérament le lui permettait. Il peint aujourd'hui de grossières *Baigneuses*; il est homme le lendemain à rendre des fiancés qui, séparés, se sont juré de regarder une certaine étoile à une certaine heure.

Qui, parmi les maîtres modernes, a su donner une idée plus poétique des plages désertes, de la mer, du spectacle des nuages, sans surprises ni faux pittoresque. Pas une barque, pas un pêcheur. Rien que le drame des immensités.

Les animaux de Courbet, ses forêts, ses rochers, ses fontaines, ne témoignent-ils pas d'un amour désintéressé de la nature !

L'homme des villes, l'artiste le traduira maladroitement, son tempérament de *montagnon* s'opposant à ce qu'il s'incarne dans l'élégance acquise; mais quelles robustes sensations sont enfouies dans ses représentations d'épaisses verdures et que de grandeurs dans ses « paysages de mer! »

Et pourtant voilà un homme qui en Allemagne, pressé de laisser trace de son passage dans un groupe artistique, peindra, une heure avant de monter en chemin de fer, le portrait de sa pipe, avec la signature :

COURBET,

sans idéal et sans religion.

III

Il faut expliquer cette boutade sur laquelle la Bavière a dû discuter un an au moins.

La Franche-Comté donne naissance à nombre d'esprits paradoxaux et logiques, dont le plus curieux spécimen est le sophiste Proudhon.

Sans idéal et sans religion donne la main à *la propriété c'est le vol.*

Un pistolet est sur la table de l'écrivain et du peintre et fait partie de leurs instruments de travail. Avant de lancer une œuvre, ils tirent un coup de pistolet, qui quelquefois les blesse eux-mêmes.

On pourra trouver une contradiction entre la *naïveté* dont je parlais à propos des débuts de Courbet, et ces fanfaronnades si particulièrement comtoises.

Du peintre et de son compatriote le sophiste il en fut longtemps de même. Labeur rude et long avant que leur nom ne fût affirmé. Ils se lançaient dans la mêlée avec des œuvres sérieuses ; leurs robustes études étonnaient et froissaient. Les gens de tempérament débile s'effrayaient en face de telles manifestations. De prétendus lions, qui depuis longtemps avaient revêtu une peau de brebis pour secouer l'eau bénite de critiques anodines sur le troupeau des médiocrités, étaient pris de terreurs immenses. Le nouveau les blessait sous leur bât garni de vieilles ouates; loin de marcher en avant, ils regimbaient contre l'aiguillon d'un art vivace. La foule, qui ne raisonne que quand on lui a mâché un raisonnement, croit à l'équité de ces regimbements. L'art est dans l'ornière-tradition. — Une commode route que l'ornière, s'écrie la foule.

C'est alors que des coups de fouet et des coups de pistolet semblent nécessaires aux lutteurs impatients qui vont au delà de la voie qu'ils demandaient à parcourir. Pour avoir pris un élan qui dépasse leurs forces, ils sont en proie à des faiblesses, à des défaillances, trop heureux si elles ne les abattent pas à jamais.

J'ai dit quelles influences héréditaires avaient présidé au tempérament du peintre, il faut noter quelques détails de son éducation au séminaire, en 1831. « Courbet, m'écrit son camarade d'enfance, était alors un absolu modèle d'indiscipline, réfractaire à toutes les routines de l'enseignement officiel. Bègue renforcé (ce défaut a disparu) et cependant très-verbeusement raisonneur, pas du tout *fort en thème,* ennemi acharné de tout favorisé des professeurs, très-alerte à la chasse aux papillons et aux jeux de mouvement, il jouissait d'une influence suprême dans toutes les questions de choix de promenades, choix auxquels sa connaissance et son amour des lieux lui faisaient attacher la plus haute importance. »

On vit plus tard le futur peintre courir les bois, les montagnes pendant les vacances et s'ingénier à reproduire des coins pittoresques de paysage.

L'enfant se faisait homme. Il n'avait toutefois rien appris : ni grec, ni latin, ni mathématiques.

« Ses devoirs, ajoute M. Max Buchon, étaient d'un tel comique que le professeur en réservait la lecture pour la fin de la classe, afin de mettre en gaieté sans inconvénient les élèves. »

Et cependant voici qu'une lueur traverse l'esprit du rhétoricien. Courbet jusque-là n'a compris que la nature. Un homme va jeter quelques étincelles dans ce foyer latent.

Dérogeant à la rhétorique officielle, le professeur Oudot établissait son cours sur cette donnée de M. de Bonald, « qu'un homme ne peut comprendre et produire d'art que celui qui interprète sa propre nature, et que l'art, en tant qu'expression du sentiment de la société, doit par conséquent se transformer aussi souvent que la société même. De même que l'on dit : « Le style c'est l'homme, » de même on doit pouvoir dire: «L'art c'est la société (1) ».

Courbet but avidement à cette source qui était de na-

---

(1) Je donne ces aperçus métaphysiques tels que me les envoyait M. Max Buchon. Passablement embrouillés et contradictoires, ils devaient répondre d'autant plus à l'esprit singulier du futur chef d'école.

ture à désaltérer son esprit. De l'esthétique du professeur Oudot ressortait surtout cette affirmation : *L'artiste est l'interprète de sa propre nature*. On pense quelle liberté laissaient de tels préceptes à de jeunes affamés d'indépendance.

Tout ce que dit dès lors le professeur de rhétorique, l'élève l'écouta avec recueillement. Le peintre en a conservé plus tard des habitudes de discuter, employant à tort et à travers de grands mots scolastiques; mais de ces nuages de métaphysique il s'échappe souvent de nettes boutades qui se font jour à travers le brouillard de la pensée.

Je n'en citerai qu'une.

On voulait marier l'artiste. Ses amis souhaitaient que l'homme se *rangeât*.

— Un homme marié, dit Courbet, est un réactionnaire en art.

XXVII

LE RÉALISME, SES DIEUX ET SON TEMPLE.

Ce qui fit pendant quelques années la force de la doctrine du Réalisme vint de la bonne foi insouciante des prêtres, de la facilité d'entrer dans le sanctuaire et surtout de la bonne humeur qui y régnait. Tous ces prôneurs et ces chercheurs de Vrai étaient jeunes, gais, bien portants, et ne conservaient aucune trace des ornières de la Bohême par lesquelles la plupart avaient passé.

Courbet, le premier, ouvrit, vers la fin de 1848, les portes du temple; le hasard fit que l'intérieur avait un aspect protestant et villageois qui répondait aux doctrines invoquées par les fidèles.

C'était une brasserie tenue à la mode allemande : bancs et tables de bois, longue salle pavée, murs peints à la chaux, absence complète de glaces et de divans; mais la cuisine faisait oublier cette rusticité, digne d'une école de réformateurs. Jambons pendus au plafond, guirlandes de saucisses empilées, meules de fromage grandes comme des roues de moulins, tonneaux d'appétissante choucroute, semblaient appartenir à un réfectoire monacal où le libre examen était nourri et arrosé convenablement.

La Réforme avait du bon. Aussi le bruit de cette grosse nourriture, des colloques et des joyeux propos de table se répandit vite dans un certain Paris artistique, mais affamé.

La vérité est qu'à la brasserie on inclinait fortement du côté luthérien, c'est-à-dire que les joyeuses chansons, les fortes filles et la grosse gaieté y étaient bien venues.

Le Réalisme ainsi compris sembla fort agréable.

Le grand prêtre était d'humeur facile; je n'engendrais pas absolument la mélancolie et les enfants de chœur qui répondaient *amen* à toutes les affirmations des sectaires du Vrai étaient des étudiants qui trouvaient la religion assez joyeuse pour ne pas craindre d'y affilier leurs maîtresses.

De là était sorti l'*Enterrement d'Ornans*, cette grande machine sans supercherie. Un véritable tableau d'église avec des détails qui pouvaient prêter à la plaisanterie;

mais chaque coup de pinceau révélait un ouvrier appliqué à sa besogne, qui en donnait pour leur argent à ceux qui véritablement aiment la peinture.

L'auteur de ce tableau populaire était un brave compagnon sans morgue ni fierté, tendant la main à tous ceux qui l'approchaient, grand discuteur, poète et chanteur à l'occasion, d'une capacité d'estomac à étonner les Flamands, toujours de bonne humeur, fort comme Hercule, incapable de donner une chiquenaude à un enfant, parlant de son art avec la ténacité d'un paysan, la conviction d'un croyant, les nuages d'un mystique.

Ce qui accourut de *Parisiens* dans le temple du Réalisme fut considérable. On vint par divers motifs à cette rue Hautefeuille qui semblait aux habitués du boulevard une rue de province. D'abord les peintres les plus célèbres voulurent voir comment était chaussé l'homme qui faisait tant de tapage avec ses gros sabots. Se présentèrent ensuite des critiques, sonde en main, pour jauger le degré de profondeur de la doctrine. Des désillusionnés qui ne croyaient plus à rien s'attardèrent dans la brasserie, surpris de croire encore, ne fût-ce qu'un instant. Il se glissa dans le temple des êtres habiles cherchant à tirer parti de la nouvelle école. Il vint des débutants dans les lettres et les arts, qui demandaient à recevoir le baptême de la Réalité: les oisifs et les curieux ne manquèrent pas; de bons vivants accoururent de toute part.

C'était fête quotidienne de six à onze heures du soir, et plus d'un homme de cinquante ans, qui prit part à ces agapes, put se croire revenu aux jours heureux d'insouciance et de jeunesse.

Ces réunions avaient quelque rapport avec celles du romantisme ; il s'y mêlait en plus une saveur rustique particulière.

Un soir, une partie de billard s'engagea entre Decamps, Corot, Courbet et moi. Qui marquait les points? Il faut le dire tout de suite, Gustave Planche, le vieux Planche, qui lui-même avait choisi la mission de constater les coups, sans s'inquiéter des discussions esthétiques engagées près de lui entre Chenavard et Baudelaire.

Gustave Planche avait pris en estime ce groupe de gais réformateurs. Le critique, déjà infirme, était fatigué de la vie ; la bande le divertissait. Ici la doctrine n'était pas pédante : notre poursuite du Naturalisme se faisait avec de joyeux éclats de rire. Tout le monde était égal dans le temple, depuis le bachelier qui vient de terminer sa rhétorique jusqu'au penseur qui a sondé tous les systèmes philosophiques. De jolies filles venaient becqueter leur part du repas des étudiants, et jetaient une agréable diversion dans l'église.

A cette bienheureuse époque, la politique n'existait pas. Qui régnait? Le Réalisme. On n'en savait pas plus, « tout Paris » pour les fidèles, ne semblant exister que rue Hautefeuille. Sur aucun des théâtres ouvrant leurs portes au public des boulevards, on ne jouait de comédies aussi gaies que dans cet endroit.

Le véritable atelier de Courbet était la brasserie ; on venait demander au maître la permission de faire son portrait et sa biographie ; on sollicitait l'honneur de défendre la doctrine nouvelle. Quelques-uns des représentants de l'école normale qui commençaient à sortir de l'œuf, s'inquiétaient de ce qui se passait dans le temple nouveau, et prudemment rendaient hommage au dieu et à ses saints.

Le prêche se faisait plus habituellement à midi ; pendant le déjeuner, le maître exposait volontiers son système aux visiteurs. Comme les fouriéristes, Courbet parlait hardiment de tous les arts, de toutes les sciences et donnait des conseils à propos de choses dont il avait un médiocre sentiment. Ceux qui s'occupaient de philosophie ou de métaphysique n'avaient pas beau jeu avec le peintre, et il fallait entendre comment était traitée l'Université.

Après le repas, chaque soir, c'étaient des conférences sur la poésie, qui hérissaient les cheveux des poètes attachés aux anciennes méthodes. L'église n'admettait pas la rime.

> Tous les garçons chantaient
> Le soir au cabaret qu'ils étaient réunis.

> Tous les garçons chantaient,
> Répétant ce refrain :
> Tra la, la, la, la, la, la, la, etc.

est un des couplets qui plaisaient particulièrement à Gustave Planche, et je ne doute pas qu'à l'heure qu'il est, quelques notaires et avoués ne le répètent en fouillant leurs dossiers, comme aussi des médecins de province allant à leur clientèle le chantent dans leur carriole, tant le nombre des initiés appartenant à diverses classes fut considérable.

Chenavard lui-même chantait :

> Le soir au cabaret qu'ils étaient réunis.

De graves aspirants politiques que je ne nommerai pas, répétaient également le refrain :

> Le premier qui chanta
> Raconta ses amours.
> Tra la, la, la, la, la, la, etc.

C'étaient *les Orientales* de la rue Hautefeuille.

Le seul Proudhon se montra rebelle à cette poésie ; du moins n'en a-t-il rien laissé paraître dans le livre posthume sur l'Art, consacré presque exclusivement à Courbet; mais le sophiste ne fut initié que tard à la doctrine, alors que l'élément politique avait soufflé sur l'élément joyeux.

Baudelaire non plus ne trouvait pas cette poésie suffisamment compliquée ; la gaieté ne parvenait pas à réconforter cette pauvre âme inquiète, et après de longues fréquentations dans le temple, le poète fut le seul dissident qui marqua par son schisme.

Trois ans se passèrent ainsi à vivre gaiement dans la Thébaïde de la rue Hautefeuille, après quoi les réalistes se dispersèrent, les uns n'admettant pas d'exclusions prononcées qui tendaient à faire un pape d'un peintre, un évêque d'un romancier ; d'autres moururent.

Quelques ambitieux qui demandaient l'affiliation tournèrent les talons, jugeant qu'une telle école était naïve, qui n'avait ni journaux, ni revenus, ni fidèles pour payer le casuel.

Des jeunes gens pleins de bonne volonté trouvèrent les chefs indécis en face des attaques à fond de train contre le Réalisme ; et quoiqu'un groupe ait son utilité, qu'une doctrine soit commode, certains esprits de bonne foi se jetèrent dans l'isolement, cherchant s'il n'y avait pas au-dessus de la Réalité quelque chose d'immatériel qui, se détachant du cœur de l'homme, donne naissance à des élans que la seule observation est incapable de rendre.

Et n'est-ce pas à cette solitude, à ce reploiement sur lui-même que Courbet doit la connaissance profonde de la mer, dont l'action a été si salutaire sur son œuvre des dernières années (1) ?

(1) Malgré les catastrophes qui, depuis lors, se sont succédé si effroyables et si imprévues, je n'ai rien changé à ce portrait tracé il y a une dizaine d'années.

J'aurais pu montrer le peintre *membre de la Commune*, par quel enchaînement d'idées il en arriva à se plonger dans la fournaise révolutionnaire ; mais ces Mémoires, tels que je les comprends, sont plutôt des souvenirs de première jeunesse. Les idées, qui, depuis 1852, époque de notre séparation, germèrent dans l'esprit de l'artiste, le seul preoccupé de politique dans le groupe que 'entreprends de peindre, demandent un certain développement qui ne fait pas partie du cadre actuel. Elles seront exposées plus tard avec tristesse, mais avec indépendance et sincérité.

XXVIII

UN CONTEUR MECONNU.

I

Le 29 mai 1858, on donnait, au théâtre de la Gaîté, la première représentation d'un drame, et l'auteur inquiet se tenait dans la coulisse, car c'était son avenir qui se jouait en ce moment. Des yeux bleus ardents et soupçonneux, une barbe blonde, des vêtements modestes, rien de remarquable dans la personnalité, sauf quelque roideur, donnaient à l'homme quelque parenté avec la race allemande; mais chacun devait être frappé de ses terribles yeux vifs qui, suivant un mot de Nadar, ressemblaient à ceux d'un sphinx gardant un trésor.

L'homme était froid en apparence; la passion bouillonnait en lui, la noble passion de la gloire. L'avait-il assez poursuivie, le pauvre garçon qui, la tête appuyée sur le portant d'une coulisse, sentait perler des gouttes de sueur à chaque mouvement qui se produisait parmi les spectateurs ! Hélas ! la réputation ne semblait pas avoir entr'aperçu ce modeste adorateur qui s'était condamné à tant de privations pendant de si longues années, pour arriver à faire imprimer un volume de *Nouvelles*.

En douze ans, voilà ce que l'artiste opiniâtre avait produit. *Un volume !* Il aurait pu mourir de faim douze cents fois. Mais il y a quelque chose qui nourrit mieux qu'une tranche de roastbeef, c'est un légitime orgueil et la conscience de ses propres forces. Le petit volume de *Nouvelles*, tirées si laborieusement d'un fonds rebelle, représentait douze cents francs au plus. Douze cents francs en douze ans, voilà ce qu'une plume consciencieuse avait réussi à mettre au jour en une si longue période ! Et j'avais vécu près de l'homme pendant des années entières en partageant cette vie difficile ! Et encore aujourd'hui je la comprends à peine !

Qu'on nie la volonté après la lecture de ces *Mémoires*, qu'on plaisante sur l'austérité de vie de ces artistes qui, tous, fils de leurs œuvres, ont passé par de si rudes sentiers, et n'ont laissé accrochés aux buissons ni leur croyance à l'art, ni un lambeau de leur honneur.

L'un des plus méritants, entre tous, fut le sphinx accoudé contre une des coulisses du théâtre de la Gaîté. Jeté en pleine Bohême par Mürger, il étonnait la bande par son sérieux impassible, souriait rarement et semblait craindre les plaisanteries de ses camarades aventureux.

Le sphinx venait de terminer l'éducation de deux jeunes gens, et nous attribuions son caractère timide et *en dessous* à sa modeste position. Reçu cependant dans un groupe joyeux qui traitait la misère par l'indifférence, le sphinx ne dit pas un mot de sa vie passée et ne se confia à personne ; mais nous avions tant de folles confidences à nous faire chaque jour, que nous ne nous occupions pas de faire naître celles de l'homme muet, boutonné jusqu'au cou d'un paletot, propre comme celui d'un ancien militaire. Il écoutait, parlait peu, lisait attentivement les journaux, et fréquemment tirait de sa poche un carnet pour prendre des notes.

Un jour, on le vit arriver au *Corsaire-Satan;* la courte nouvelle qu'il y fit imprimer semblait une page extraite de la *Gazette des Tribunaux*, et ne pronostiquait pas un brillant avenir. — « Ce Monsieur Barbara a l'air bien barbare, » dit le rédacteur en chef. Et ce jeu de mots facile tira un grognement du fond de la poitrine de l'homme. Il ne supportait pas les plus innocentes plaisanteries qui avaient trait à sa personne, et toujours il garda une sombre rancune à Mürger, qui l'avait jeté sous un nom baroque en compagnie de quelques-uns de nos camarades dans les *Scènes de la vie de Bohême*.

L'homme avait dû vivement souffrir dans son enfance.

Si la musique n'avait adouci cette âme facile à ulcérer, Barbara n'eût pu vivre dans notre monde bruyant. Ami de la solitude, s'enveloppant de mystère, il cachait sa vie de travail comme un crime. Souvent, à minuit, une faible lueur qui s'échappait des mansardes d'une haute maison de la rue Monsieur-le-Prince, nous faisait dire : « Voilà l'heure où Barbara accomplit ses forfaits. » Il ne recevait personne chez lui; eût-il caché dans un coin le cadavre d'un homme assassiné, qu'il n'eût pas pris plus de précautions pour empêcher les curieux d'entrer. Barbara avait le culte de l'*intérieur* ; peut-être craignait-il que nos gais propos n'effarouchassent les graves pensées qui emplissaient son réduit.

L'un de nos amis pénétra cependant par surprise, un soir, dans la mansarde et trouva Barbara les bras croisés, assis sur une haute chaise, sans lumière, « en train de penser. » Tout l'homme est dans ce mot. Il voulut penser, il pensa. N'était-il pas utile d'esquisser une telle physionomie en regard des héros de la *Vie de Bohême* ? Car le livre de Mürger donna la plus fausse idée d'un groupe d'écrivains et d'artistes que le public put croire toujours à la poursuite d'un dîner ou de quelque monnaie. Comment expliquer le travail à la suite de ces courses haletantes au bout desquelles ne se rencontrent guère que lèvres pincées et visages rechignants? Mürger, seul, eut jusqu'à la fin de sa vie d'impérieux besoins d'argent, qui enlevèrent la moitié d'un temps précieux à l'étude et à l'observation ; mais la faute n'en fut pas à lui.

J'entrai dans la vie avec cette idée : ne jamais avoir besoin de cent sous. Y a-t-il rien de plus sinistre qu'une bourse qui se ferme et surtout la grimace de l'homme qui en resserre les cordons! L'argent qu'on gagne sonne gaîment, celui qu'on emprunte est amer. Le positif de la vie parisienne m'enseigna vers l'âge de trente ans que la meilleure condition de l'art est le travail, et que le travail ne doit être coupé par aucune course à l'argent.

En compagnie de Barbara, nous représentions l'ordre dans un groupe fatalement voué au désordre. Tous deux nous étions les *bourgeois* de la Bohême, autant par nos aspirations que par notre façon de vivre. Le détail d'une journée de notre existence, qui dura ainsi une dizaine d'années, fera comprendre par quelle série d'études et de travaux nous passions. Levé de grand matin, sautant de mon lit à ma table, j'écrivais jusqu'à neuf heures. Une heure me suffisait pour déjeuner et courir à la Bibliothèque où j'étudiais jusqu'à midi ; là je rencontrais Barbara que j'emmenais aux cours publics du collége de France, de la Sorbonne ou du Jardin-des-Plantes. Deux cours, chacun d'une heure, épuisaient notre attention, et reprenant notre course, nous arrivions dans le temple musical de Schann', exclusivement consacré aux quatuors. Deux heures de musique chaque jour, sans compter trois fois la semaine des trios au piano dans une autre maison, nous permirent de déchiffrer toute l'œuvre classique de chambre des maîtres allemands. Je trouve, dans un carnet de notes, traces de ces études :

« 31 mai. — Notre second violon a manqué ; nous n'avons pu jouer que trois trios : un de Beethoven, un de Rolla et un de Wraniski. Il n'y a de véritables trios et de quatuors pour instruments à cordes que ceux de Haydn, de Mozart et de Beethoven. Même dans les trios pour piano, nous avons lu l'an passé chez Mme W......, avec Barbara, une grande quantité de musique d'auteurs divers et, à part les trois grands maîtres, il ne me reste dans la mémoire que quelques trios de Hummel, de Weber, de Schubert et de Mendelssohn. Je regrette de ne pas avoir tenu note des médiocrités que nous avons déchiffrées, afin de n'être plus exposé à les revoir. Les quatuors de Mendelssohn pour instruments à cordes sont vagues ; l'idée ne se saisit pas facilement, noyée dans un bleu trop mélancolique ; cependant il faut les entendre encore. »

La manie musicale s'était tellement emparée de nous, que, retiré à la campagne pour travailler en paix, je faisais un peu plus de deux lieues pour ne pas maquer nos chers quatuors.

Barbara était le plus habile instrumentiste de la bande ; fils et frère de musiciens distingués, il avait reçu tout jeune d'excellentes leçons de violon, dont le fruit ne fut pas perdu plus tard, et il apportait dans la conduite du quatuor une émotion contenue qu'on retrouve dans quelques pages de ses écrits. La musique l'humanisait ; la douce gaieté des menuets d'Haydn lui faisait oublier momentanément les rudesses de la vie. Des étudiants, des grisettes, formaient l'auditoire, et la petite place

Saint-Benoît, près de l'ancien théâtre du Panthéon, était en fête pendant nos concerts qui, l'été, se donnaient la fenêtre ouverte. A chaque étage des maisons voisines se montraient d'heureuses figures d'imprimeurs et de brocheuses qui guettaient l'arrivée des musiciens.

Ce furent des années d'honnêtes jouissances; mais que de temps volé à la littérature ! La musique exige trop de dépense nerveuse; je me sentais devenir mélancolique, plongé dans des rêveries sans but que j'attribuai aux quatuors.

Un jour nous nous séparâmes en bons compagnons, et peu après parurent les *Histoires émouvantes*, le premier volume que Barbara lançait dans la publicité. Ceux qui l'ont lu y ont retrouvé, avec de vagues souvenirs d'Hoffmann et d'Edgar Poë, un profond sentiment musical; toutefois, en rappelant les noms de ces conteurs, je ne prétends pas en faire un reproche à Barbara dont la *conviction* est tellement sincère qu'elle écarte toute idée d'imitation. Quelques esprits distingués reconnurent dans le nouvel écrivain une *nature;* mais qu'est-ce qu'un volume de courtes Nouvelles jeté au milieu de cet océan de livres qui, se pressant comme les vagues de la mer, grimpent les uns par-dessus les autres, et dont un si grand nombre échoue sur le rivage !

Le noir dénoûment de la plupart des *Histoires émouvantes* ne contribua pas peu à écarter de l'œuvre ceux des lecteurs qui, froissés par la vie, veulent oublier. Barbara n'entrait pas dans l'Art par la porte de l'*amusement*. Ayant étudié les physiologistes et les moralistes, il enfermait une idée grave dans un récit, persuadé de la force que lui prête la forme du conte ; et il se disait qu'un intérêt saisissant devait résulter d'une fable longtemps méditée, lui qui s'était intéressé à sa propre fable. Aussi réussit-il plus tard, quand, débarrassé des langes de ses premiers essais, il publia *l'Assassinat du Pont-Rouge*, poignant récit duquel fut tiré le drame de la Gaîté.

La république des lettres, si divisée, n'en offre pas moins, malgré ses récriminations de chaque jour, un beau spectacle quand un homme nouveau se présente devant le public pour être jugé. Ce jour-là, amis et ennemis ne font qu'un ; si *quelque chose de nouveau* commande l'attention, les inimitiés s'éteignent dans les courants fiévreux d'une salle émue. Les mille personnes qui assistent habituellement aux premières représentations sont des juges plus bienveillants que terribles. Leur palais est peut-être blasé comme celui des cuisiniers qui goûtent les sauces avant de les servir aux convives; mais il est rare que le jugement de ce jury, composé d'auteurs dramatiques, de femmes, de romanciers, de feuilletonistes et de comédiens, soit cassé par le public. C'est une sorte de fête à laquelle l'auteur invite ses amis, ses confrères, et plus d'une froideur tombe devant le succès : même tout sentiment d'envie disparaît devant un véritable succès, car au fond de chaque écrivain gît un sentiment de justice qui étouffe les petites passions attachées à la profession.

Qu'un prologue fortement conçu donne l'idée de la trame puissante qui va se dérouler d'acte en acte, et tout d'abord les inquiétudes de l'auteur, errant dans les corridors, sont calmées par des félicitations et de loyales poignées de mains qui lui font oublier les tourmentes de la mise en œuvre.

Barbara ne se donna pas ce spectacle. Il n'avait invité aucun de ses amis à la représentation de son drame, et un fait si singulier, qui se produit rarement au théâtre, prouve les ulcérations de cette âme d'une sensibilité morbide. Par cette circonstance, on jugera de la sincérité de mon enthousiasme pour ce beau drame qui n'obtint pas le succès qu'il méritait.

Il y avait une idée!

Je ne voudrais pas médire du temps actuel; mais le public, depuis une vingtaine d'années, semble craindre la force, la puissance, la conviction, les tentatives nouvelles. A aucune époque, je crois, on n'a vu de niaises féeries usées jusqu'à la corde se jouer trois cents fois de suite : les décors, les danses, les costumes, font oublier la pauvreté de conception de la plupart des pièces du boulevard. On se rappelle comment le monde élégant accueillit les tentatives de Wagner, à qui personne ne saurait refuser l'idéal du grand. Les travaux de Courbet lui valurent, au

Salon de 1861, un *rappel de médaille de seconde classe*, un peu moins qu'un bon point dans ces distributions de prix où le chef d'institution veut être agréable à tous ses élèves. Depuis vingt ans, les grands travailleurs et les chercheurs furent plutôt repoussés qu'encouragés.

La nation veut-elle réellement être amusée quand même et quelles inductions faut-il tirer de cette rage d'amusements ?

L'Assassinat du Pont-Rouge ne répondait pas à de semblables exigences. C'était la personnification du Remords, et la même puissance qui, dans le roman, circulait à travers l'action se déroulait pendant les cinq actes.

Il s'agit d'un meurtrier qui, ayant sans cesse devant les yeux l'image de celui qu'il a assassiné, est puni de son crime par un châtiment que la physiologie ne repousse pas absolument. Le meurtrier devient père et son enfant *ressemble* à l'homme assassiné.

Aussi sobrement était conçue la Nouvelle, aussi simplement se déroulait l'action au théâtre. Peut-être le public fut-il surpris du manque, dans cette belle conception, des vulgarités habituelles des auteurs du boulevard. La pièce ne tomba pas ; mais quarante représentations d'*été* ne donnèrent pas le résultat matériel que retrouvera certainement un jour, grâce à une nouvelle tournure de nos esprits si changeants, l'homme qui, sans se plaindre, continua courageusement à travailler en silence.

Le drame peut se reprendre demain, dans un an, n'importe quand : il n'aura pas vieilli. Et chacun sera étonné qu'une œuvre si puissante ait pu passer inaperçue, sans valoir à l'auteur des encouragements pour la haute pensée morale qui se dégage de l'action.

Une belle œuvre est mise en lumière à un moment donné. Mais qui peut dire ce que souffre un homme dans toute la force de l'âge, sans fortune, qui a conscience de ses efforts, et qui, après une telle tentative, ne trouve pas toutes les portes ouvertes !

II

C'est aux bords du Loiret qui baigne les murs de la ville d'Orléans, que je lisais un livre d'autant plus intéressant que l'auteur est né dans la ville : ému par l'*Esquisse de la vie d'un virtuose*, mon regard traversait la ville et rencontrait les tours de la vieille cathédrale, qu'à cette même place le méditatif Barbara avait sans doute souvent contemplées. A mesure que j'entrais dans ce douloureux récit, la figure de l'ancien ami reparaissait distincte à mes yeux. Je lisais un conte, et pourtant je croyais entendre l'écrivain me faire ses confidences, quoiqu'il ne confiât à personne son passé.

N'est-il pas étrange qu'un homme avec lequel on a vécu

dix heures par jour, pendant dix ans, qui connaît toute votre vie, à qui on ne cache ni ses travaux, ni ses projets, ni ses aspirations, ne vous rende rien en échange de ces confidences? Tel avait été Barbara avec moi, tel avec d'autres; mais ses sensations enfouies éclataient à chaque ligne de ses livres, et ceux qui l'avaient connu pouvaient suivre pas à pas sa vie tourmentée. Par l'*Esquisse de la vie d'un virtuose*, je compris le caractère de mon ancien ami mieux que par sa biographie.

Ce portrait de vieux musicien n'offre-t-il pas quelques rapports avec le père de l'écrivain?

« Passionné, violent, vindicatif, d'une humeur intraitable, incapable d'endurer la contradiction, hormis quand il avait affaire avec des artistes, et par-dessus tout, d'une intempérance de langue sans frein, il ne cessait par ses manières brusques, son ton tranchant, sa causticité, d'accumuler les inimitiés sur sa tête. L'heure triomphante de la journée sonnait le soir, alors que, se tenant au fond de sa boutique obscure, il avait pour auditoire, sans compter sa femme et son enfant, deux ou trois personnes qui l'écoutaient bouche béante. Non content de disserter à tort et à travers sur la musique, de conter sur les célébrités de sa connaissance des anecdotes qu'il arrangeait à sa façon et revêtait de couleurs fabuleuses, il passait ses clients en revue, criblait les uns de sarcasmes, s'exprimait sur le compte des autres de la manière la plus blessante, et cela sans aucune réserve, sans même paraître jamais se soucier du préjudice que pouvait lui causer son indiscrétion. On eût juré que sa clientèle dépendait de lui et non pas lui de sa clientèle. A aucun prix il n'eût consenti à réparer l'instrument d'un homme qui le contrecarrait dans ses opinions, tandis qu'il s'empressait de le faire pour un ménétrier flatteur dont il ne recevait jamais un centime. Enfin, chose incroyable! il lui était arrivé, dans un moment de détresse, de rompre un marché avantageux, sous le prétexte singulier que l'acheteur n'était pas au niveau de la marchandise. »

Rien n'est plus délicat que d'affirmer la réalité d'un portrait dans une œuvre d'imagination. Ce sont souvent divers détails empruntés à diverses figures que le romancier a fondus dans un creuset pour leur donner une puissante homogénéité ; mais ce luthier violent, se faisant tant d'ennemis par son humeur, ne devait-il pas donner naissance à un fils qui, sentant en lui le germe des mêmes passions, s'appliquerait à les refouler et à n'en rien laisser paraître extérieurement ?

La nature tourmentée, bouillonnante, âpre et concentrée du romancier Barbara, montre, jusqu'à un certain point, les racines héréditaires qui le rattachent au portrait du luthier irascible. Deux lettres du même Conte complètent le caractère de l'homme :

« Je ne puis supposer, écrit le père à son fils, que tu connaisses jamais le découragement. Rappelle sans cesse à ton souvenir ce que je t'ai répété tant de fois, qu'il ne faut pas trop tôt gagner sa vie et consentir à faire de l'art un métier. L'avenir est sans nuages pour celui qui travaille. Acquérir du talent, c'est amasser des richesses rares. Serais-tu déjà las de souffrir ? Tu ne serais donc pas mon fils ! De l'existence je t'abandonne les roses, je garde les épines pour moi. Les misères qui m'accablent ne te sont connues qu'en partie. Ta mère est malade ; les affaires ne vont pas, le chiffre de nos dettes monte chaque jour, notre maison craque de toutes parts et menace ruine. Après ? J'en serais réduit à l'aumône que je ne reculerais pas d'une semelle. Mon corps sera la pâture des vers avant que je te permette de devenir un râcleur d'orchestre. Grave ceci dans ta mémoire et enfonce le burin jusqu'à ce qu'il la traverse : J'ai à me venger de mille outrages ; tu te feras un nom, ou je mourrai dans la honte et le désespoir. »

Encore plus navrante, la seconde lettre montre à

quels sacrifices peut conduire la gloire poursuivie :

« Mon fils, votre mère se meurt ! Elle demande, dans son délire, la suprême consolation de vous voir et de vous embrasser. Cela est affreux, mon fils ; maudissez avec moi l'implacable fortune, mais il ne vous est pas permis de répondre à ce vœu de mourante. Un voyage ne vous détournerait pas seulement de votre travail, il absorberait encore une partie des faibles ressources que je vous envoie pour vivre. Gardez-vous donc d'une faiblesse ! Votre mère subit la loi commune. Bornez-vous à lui marquer dans une lettre des sentiments qui atténueront les horreurs de son agonie. En attendant, mon cher fils, soyez de bronze devant la douleur, tenez ferme ; que rien ne vous arrête, travaillez ! »

Il y a du Brutus dans ce père, et le romancier qui a écrit une telle lettre prouve un caractère fortement trempé.

Dans ce volume (1) se trouve une nouvelle, *le major Wittinghton*, que les esprits superficiels pourraient prendre pour un conte fantastique, et qui n'est autre qu'une âcre satire contre les époques industrielles.

Aux environs de Paris, un bourgeois habitant une maison de campagne près d'une grande construction en apparence déserte, est réveillé chaque nuit par de tels bruits qu'il ne peut plus reposer. « C'était un mélange singulier de mille bruits incommodes, une réunion, sur un seul point, de tous les métiers bruyants du monde entier. Pendant deux heures environ, il sembla que des millions de marteaux, des millions de limes, des millions de scies, confondus avec autant de soufflets et de sifflets d'usines, battaient, limaient, taraudaient, sciaient le fer, la tôle, le bois

---

(1) *Mes Petites maisons*, 1 vol. in-18. Hachette. 1860.

en même temps. » Le voisin effrayé va se plaindre au parquet, et un substitut se présente dans cette étrange maison, habitée par le major Witthington, un Anglais tel que les peignait Carle Vernet : habit rouge, culotte de peluche noire, bottes à glands d'or, chapeau à cornes, au-dessus duquel flottent de longues plumes noires ; mais au lieu d'un criminel, le magistrat trouve le fondateur du *Practical Mecanic's Journal,* qui lui fait part d'étranges inventions mécaniques. Ennemi des hommes, trompé dans sa jeunesse par une femme qu'il adorait, le major Wittinghton a voulu créer une société sans vices et sans défauts.

Sa mère, sa femme, sa fille, sont des automates créés par lui. Il est entouré de soins par d'aimables automates. De nombreux domestiques (automates) font le service sans se plaindre. Ses amis sont des automates. Le substitut, émerveillé, assiste à une soirée pleine d'automates invités pour le mariage de la fille (automate) du major, qui accorde sa main à un jeune attaché d'ambassade (automate). Des quadrilles se forment ; les domestiques servent des rafraîchissements aux danseurs (automates), et le substitut fait le quatrième à une table de whist autour de laquelle sont assis des joueurs (automates) les mieux élevés du monde.

Rarement la fantaisie fut poussée plus loin que dans cette Nouvelle, qui, en Angleterre, eût fait la fortune d'un homme. Pauvre Barbara! Pauvre penseur! Pauvre membre de la famille des Thomas Hood! Pourquoi n'avoir pas employé ta plume à faire des livres intitulés : *Quand on n'aime plus, on n'aime pas assez*, ou *Ce que Vierge ne doit lire*, ou *les Amoureux de Madame de Sévigné*, ou *Comment aiment les Femmes*, ou *l'Amour en chemin de fer*, ou *la Grammaire de l'Amour*, ou *les Cotillons à la mode*, ou *les Confidences d'un Canapé*, ou *les Aventures de Rigolboche*, ou *les Petites Dames de Théâtre?* Nous avons peur, en France, du comique affirmé puissamment (je connais des poètes qui se trouvent mal quand on leur parle des *Voyages de Gulliver*). La raillerie doit être touchée de main légère et effleurer à peine l'épiderme : qu'elle entre dans les chairs, c'est un bistouri, et l'homme qui la manie si impitoyablement est traité de chirurgien.

Les automates du major Wittinghton semblent faire partie du bagage hoffmanesque ; mais Barbara conclut là où le conteur allemand s'enveloppe dans d'épais nuages.

Au milieu de la soirée, on entend tout à coup des gémissements, et le substitut, suivi du major Wittinghton, trouve dans un endroit reculé un pauvre homme dont les poignets bleuissent sous la pression de bracelets de fer.

— Que faites-vous ici? demanda le major au seul être en chair et en os qui eût osé entrer dans sa maison.

— Je cherchais un gîte.

— Vous n'avez donc pas de profession?

— Pardon ! balbutia'le misérable à voix basse et en rougissant, *je suis poète!....*

« A cet aveu, le major et son hôte s'entre-regardèrent avec stupeur... — Un poète! s'écria le substitut, un poète! le malheureux ! il en existe donc encore ! »

Le major Wittinghton le renvoie : « Corrigez-vous, monsieur, embrassez une carrière quelconque. »

Est-il nécessaire d'analyser plus longuement ce conte par lequel l'auteur a voulu montrer les progrès de l'industrie, le rôle qu'elle joue dans la société moderne, celui plus grand encore qu'elle jouera dans l'avenir, les encouragements qu'elle trouve partout, et, en regard de l'industrie personnifiée par les automates de l'Anglais, la pâle figure d'un poète sans pain et sans asile, qui ne peut être compris d'une société grosse d'idées industrielles, lui qui n'apporte dans le fonds social que la peinture de ses sensations.

Il semble que Barbara ait voulu se venger du dédain qu'inspire aux hommes politiques la culture de l'intelligence.

Barbara répond par un conte satirique. Ce n'est rien qu'un conte pour les législateurs qui ne savent pas que le *Petit Poucet* est sorti d'un cerveau plus intelligent que celui de tous les ingénieurs du présent et de l'avenir. On forme des ingénieurs, il y a des écoles destinées à leur instruction rectiligne; ni l'Ecole polytechnique, ni l'Ecole des mines n'ont encore enseigné les lois de la Fantaisie.

Demain est gros d'inventions et de découvertes auprès desquelles l'application de la vapeur n'est peut-être qu'un enfantillage. *James Watt* est un grand nom en industrie; celui de l'abbé *Prévost* est autrement durable. La plus belle découverte en industrie sert un temps et passe. *Manon Lescaut, la Dame des Belles Cousines,* la fable de *Psyché*, aucun roman moderne ne peut les diminuer. Tels sont les caractères du livre, de la peinture et de la statuaire, de n'être remplacés par rien. Toute œuvre industrielle se métamorphose, s'améliore et change tellement de forme qu'elle n'est plus reconnaissable; les générations suivantes regardent avec étonnement des engins qui, jadis, semblaient si parfaits : au contraire, la véritable œuvre d'art, quand elle a pour foyer la passion ou la beauté, gagne en vieillissant comme le bon vin dans un tonneau, et chaque année qui apporte une rouille aux inventions industrielles ajoute quelque beauté nouvelle aux œuvres d'art.

III

A d'autres époques, les directeurs de journaux eussent prié un auteur qui donnait de si belles espérances de vouloir bien écrire pour leurs publications quelques Nouvelles qu'on n'eût jamais trop payées, tant la concentration de l'idée laissait entrevoir de veilles et d'études ; aujourd'hui la plupart des directeurs de journaux ont à cœur de publier des œuvres *sans danger*, c'est-à-dire sans idées (1). Un Barbara enfouissant une idée au cœur de son drame devient tout à coup un homme qu'on craint. L'œuvre est morale, l'écrivain est d'autant plus dangereux.

Il a fait jouer un drame puissant ; il a donné en librairie trois volumes de contes, dont quelques-uns sont des modèles de raillerie contenue et de délicatesse musicale. On ne le connaît pas ; les jeunes gens savent à peine son nom ; je n'ai jamais vu sa photographie nulle part. Où demeure l'homme ? Ses amis l'ignorent. Que fait-il ? Est-il mort ? Est-il vivant ?

. . . .

Le hasard fera que le drame du *Pont-Rouge* sera repris dans un moment de disette dramatique ! Et il se trouvera une intelligence qui signalera la portée du drame ! Et on cherchera quel était l'inconnu qui développa cette belle idée ! Et on découvrira qu'il a écrit quelques volumes ! Et dans ces volumes on trouvera d'excellentes pages ! Et on

---

(1) Il serait injuste cependant d'omettre ici le nom de M. Jules Simon, qui, lors de la création du *Journal pour Tous*, à la direction duquel il fut appelé, voulut faire de ce recueil populaire une tribune ouverte aux rares écrivains ayant souci de leurs œuvres. Les romanciers de sac et de corde n'empoisonnèrent que plus tard le public de ce Magazine, alors que le philosophe s'en était retiré. Barbara y publia quelques récits, grâce au souvenir affectueux de M. Jules Simon, qui, jadis, avait été son professeur.

imprimera des études sur l'homme! Et on le cherchera avec le même soin qu'il a pris à se cacher! Et peut-être il sera trop tard (1)!

(1) Quelques jours après avoir publié, dans une Revue, cette étude malheureusement trop prophétique, je reçus un billet de l'homme qui me remerciait. Il faut le citer textuellement pour bien faire comprendre le caractère singulier du conteur : « Mon ami, je suis coupable, bien coupable, au« jourd'hui seulement j'apprends que vous avez écrit un article sur moi dans « le *Figaro*; je l'achète et je le lis. Que vous dire? Les larmes me suffo« quent. Vous êtes mille fois meilleur et plus généreux que moi. Je vous « aime et je vous embrasse. C. BARBARA. » (22 août 1866.)

Je ne l'avais pas vu depuis quelques années, je ne devais plus le revoir. Dans un accès de fièvre chaude il se jeta par la fenêtre d'une maison de santé où, la tête perdue, il était entré à la suite d'une épidémie qui enlevait au pauvre conteur sa femme et un enfant, ses plus chères affections.

XXIX.

PROFONDES AMOURS.

Ceux qui aiment la peinture des passions seront peut-être désappointés en lisant ces Mémoires où sont effleurées à peine quelques amourettes de jeunesse. On en a peut-être conclu que l'amour a tenu peu de place dans ma vie.

Pourtant une femme a exercé sur moi une action si vive que je la ressens encore et que je la ressentirai jusqu'à la fin de mes jours. Mais quelle impérieuse maîtresse! Je ne la souhaite à personne.

Dans ma jeunesse elle me parut frivole et légère; j'en agissais avec elle suivant le caractère que je lui prêtais. Je riais en sa compagnie et elle se contentait de peu : une petite robe d'indienne, un dîner à quinze sols, une promenade à Fontenay-aux-Roses ; alors elle se plaisait fort avec les rapins et riait aux éclats de leurs plaisanteries qui lui paraissaient les plus spirituelles du monde.

L'âge vint à elle comme à moi, et elle prit un caractère plus réfléchi sans perdre de sa gaieté : ses efforts toutefois tendaient à m'isoler. Elle ne me quittait plus et tâchait de me faire oublier par son affection les camaraderies qu'elle avait égrenées les unes après les autres.

Singulières transformations que subit la femme ! Son caractère devint doucement austère et je donnerai quelques-uns de ses conseils pour montrer dans quels sentiers était entrée l'ancienne fille de Bohême.

Le matin, à peine mes yeux ouverts, elle me disait : Lève-toi, cours à ta table de travail.

Si elle m'accompagnait dans une soirée, c'était pour me montrer l'aiguille de la pendule, m'offrir son bras et partir.

A table elle me faisait signe de toucher à peine aux plats pour ne pas fatiguer mon cerveau.

Un tyran ! Je lui obéissais, ayant reconnu qu'elle n'avait en vue que mon bien. Sans cesse elle me parlait de l'avenir, réglant les heures de repas comme les heures de travail, les heures de plaisir comme les heures d'exercice.

Quand j'étais fatigué de son joug, je prétextais un voyage et je partais heureux de lui échapper, plus heureux encore de l'embrasser à mon retour.

Maîtresse exigente et pourtant discrète, elle ne s'affichait pas et je n'étais point obligé de la traîner à mon bras par les rues ; mais chacun savait l'affection qui nous unissait et à l'exception de quelques braves gens de province qui s'en offusquèrent, personne ne tenta de nous désunir.

Paris seul admet ces liaisons qui enlèvent au mariage un certain nombre d'écrivains, de savants et d'artistes, lesquels ont une trop grande provision de bizarreries et d'indépendance pour assurer la tranquillité d'une jeune fille.

— Quitte cette femme, me disait un parent qui était prodigue en matière de conseils, sa seule prodigalité ; elle ne te mènera à rien. Tu n'étais pas riche lorsque tu fis sa connaissance, tu es devenu encore plus pauvre.

— Je l'aime.

— On dit qu'elle t'enferme et te maltraite.

— Je l'aime ainsi.

— Un jour tu regretteras le temps que tu as perdu auprès de cette créature...

— Dussé-je en mourir, je ne me plaindrai pas. Elle m'aura bien fait souffrir, mais je l'aime tant !

La province positive ne reconnaît que les positions officielles. Rien de moins officiel que d'aimer une belle personne, si sage qu'elle soit.

Par mes assiduités auprès de ma maîtresse je m'attirais toujours quelque affaire. Sa fidélité rendait jaloux certains êtres qui ne peuvent se consoler de n'être pas aimés.

Un cuistre trouvait qu'elle manquait de noblesse et que son franc-parler sentait la race bourgeoise dont elle était issue.

Nous vivons à une époque où les détails intimes affriandent un public curieux : ce que je dépensais pour ma maîtresse était imprimé et on me savait mauvais gré de lui donner toute ma vie. Son excessive jalousie servait de point de mire aux attaques; il était public qu'elle ne pouvait voir aucune femme à côté d'elle : elle avait déclaré maintes fois, disait-on, qu'elle me quitterait au premier soupçon.

Des gens affolés d'un souillon me plaignaient et blâmaient ma faiblesse : ces propos contribuaient encore à raviver mon amour.

Celui qui donne beaucoup en amour est celui qui aime. Il souffre de la passion, il en est victime, qu'importe?

Être aimé ne veut pas dire aimer. C'est quelquefois un poids et une indifférence qu'on voudrait troquer pour les sensations si douloureuses de celui qui aime.

J'aimais de toutes les forces de mon âme cette femme dont le plus léger sourire me ravissait et me remplissait de joie.

Elle pouvait me commander, se faire servir; il n'est point de bassesses en amour.

J'ai connu d'autres femmes : toujours à un moment la

désillusion arrivait ; avec l'âge, un défaut se montrait, une beauté s'envolait.

Au contraire ma maîtresse gagnait chaque jour une nouvelle qualité, non pas superficielle et passagère comme les modes du jour ; sa beauté se transformait en une sorte de calme rayonnement. J'ai dit qu'elle était devenue sérieuse ; mais quel prix prenait alors ce grave sourire plein de sérénité ?

C'en était fait : je ne pouvais plus vivre sans ma maîtresse ; chaque jour je lui renouvelais mes serments.

Qu'on traite cette passion de folle, peu importe : je ne crains pas d'avouer mes faiblesses.

Et ma maîtresse est si certaine de mon amour qu'elle ne craint pas de se compromettre, et me permet de la nommer, c'est la littérature.

DEUXIÈME PARTIE

NOTES INTIMES.

NOTES INTIMES.

1852.

Les auteurs dramatiques d'aujourd'hui, si fiers de leur adresse, de leurs subtilités et de leurs recettes, n'ont rien agencé de plus adroit que l'*Amphytrion* de Plaute. Les scènes entre Sosie et Mercure, Amphytrion et Jupiter sont retournées en tout sens, avec mille combinaisons variées que les gens seulement habiles n'atteindront jamais.

Certains *faiseurs* modernes possèdent, en effet, une *habileté*, petite et mesquine, dont certainement un jour le public se dégoûtera.

Il est des femmes qui passent leur journée à lire et absorbent indistinctement histoire, philosophie, sciences, poésie, romans : ces personnes jettent leur lecture dans le cerveau comme on jette l'eau dans le plomb. Savent-elles le lendemain ce qu'elles ont lu la veille? Elles ont retourné des pages l'une après l'autre. Rien ne se case dans ces cerveaux féminins; tout s'y entasse et forme une sorte de chaos dont la mémoire tire de temps en temps quelques lambeaux.

Une de ces lectrices enragées, mélangeant le tout d'aspirations politiques, s'étant emparée de mon Plaute, me le rendit avec cette parole admirable qu'il y avait beaucoup de *socialisme* dans les Comédies du poète latin.

—

Balzac, me dit-on, eut un hiver la manie de brûler du bois de sandal. Cette fantaisie lui coûta fort cher et empesta son appartement ; mais l'artiste espérait pouvoir décrire une volupté nouvelle. On comprend par ce trait comment Balzac, cherchant à se rendre compte de l'inconnu, dépensa des sommes considérables.

—

(7 juin) Je travaille peu. Le roman de *l'Adultère en province* me déplaît ; si j'arrive jamais à le terminer, il sera

certainement exécrable. Il ne faudrait pourtant que travailler deux heures par jour à ce roman pour toucher 1,200 francs; mais l'idée de faire une mauvaise chose m'arrête. Dans ma situation, j'ai besoin de publier un livre curieux et je ne le puis, mes études du faubourg Saint-Marceau n'étant pas achevées. Ah! que la conscience littéraire est un rude tyran !

Les souvenirs des Funambules ne sont guère propres à me réhabiliter. Heureusement j'espère que dans un mois les *Trios de Chenizelles* et les *Souffrances du professeur Delteil* réussiront en volumes. Je m'aperçois avec tristesse que je n'ai rien écrit de satisfaisant depuis un an. *Le comédien Trianon* est une fantaisie incomplète. *Les propos amoureux* me déplaisent; les études sur *Hoffmann* avancent lentement. J'ai donc complété seulement cette année la biographie de *La Tour*.

Il faut quand même terminer *l'Adultère en province* (1), quoique ce que j'ai fait me semble mesquin.

—

Une partie de la vieille montagne Sainte-Geneviève va disparaître par suite des démolitions. Les industries inconnues, les petits métiers étranges, les pauvres et les misérables émigreront. L'histoire de cette population, appuyée sur des documents positifs, est intéressante. Il est

(1) A paru sous le titre des *Bourgeois de Molinchard*.

bon de se faire affilier aux bureaux de bienfaisance; je verrai les médecins des pauvres et les accompagnerai dans leurs visites. Peut-être serait-il nécessaire de se loger en plein cœur du faubourg pour étudier les fabriques, les tanneries, les ouvriers.

Dans le quartier Mouffetard sont entassées toutes les loques de Paris. Le faubourg vit des détritus de la ville. Avec l'unique réalité, je crois pouvoir faire un livre curieux.

—

J'ai lu en deux jours la moitié du *Juif Errant*, vivement, comme une cuisinière, en m'y intéressant fortement. A peine suis-je inquiété quelquefois par la grossièreté et l'invraisemblance des moyens. Eugène Sue possède une rare puissance et par là s'explique le succès qu'il a obtenu; mais les flatteries au peuple sont trop évidentes. Livre saisissant comme un mélodrame; types fortement accusés. Je n'ai pas eu le temps de m'arrêter au style qui me paraît bien approprié au sujet, excepté toutefois certains dithyrambes prétentieux qui visent à la prose biblique.

La principale qualité d'Eugène Sue est de tailler une figure réelle et vivante. Il ne craint pas la vulgarité, connaissant l'esprit populaire et voulant le frapper. Presque enfant je lisais *les Mystères de Paris* et je n'oublierai jamais le Chourineur, Fleur-de-Marie, la Chouette, Rodolphe, Tortillard, etc. Les mêmes qualités se retrouvent dans *le Juif Errant*. Rodin, Dagobert, Mlle de Cardoville, sont dessinés à grands traits et aussi visibles que par le pinceau. Ce sont de rares facultés.

—

En quittant Neuilly, une aventure d'omnibus m'a fait oublier mes fatigues de travail. Une jeune fille, la mine éveillée, est montée en voiture. C'est une petite femme de chambre, qui va à Paris porter un panier plein de choses. Comme je la regardais, elle sourit : je souris à mon tour et, quoiqu'embarrassée, elle souriait davantage encore. Une bossue entra alors dans l'omnibus et ouvrit une grande lettre dont chaque ligne semblait indiquer de comiques nouvelles. Cela redoubla ma gaieté que la petite femme de chambre partageait en se cachant la figure. La bossue qui nous regardait paraissait heureuse de voir des gens d'aussi bonne humeur. Un de mes voisins tenait à la main un gros bouquet; je lui demandai la permission de prendre deux roses : la première je l'offris à la petite femme de chambre, la seconde à la bossue. Chacun dans la voiture nous regardait en souriant; le conducteur lui-même. La petite femme de chambre mit la tête à la portière pour se laisser aller aux éclats d'une folle gaieté, et les chevaux piaffaient comme s'ils avaient partagé la joie des voyageurs.

Les quatuors ont bien marché. Après Mendelsohnn dans lequel il y a des passages remarquables, quoique le principe de cette musique me semble dangereux, nous avons joué un quatuor de Pleyel arrangé par Fiorillo. Musique bonhomme et vieillotte, qui fait penser aux airs de pantomimes des Funambules. Fiorillo est bien par moments l'élève de Haydn. Après avoir joué de la musique indécise et tourmentée de Mendelshonn, on est ravi de la simplicité des anciens quatuors.

—

Il a plu toute la nuit; l'avenue est sillonnée d'ornières. Il y a trois ans, étant à la campagne, la pluie tombait à torrents comme aujourd'hui. Je l'aimais déjà, quoique je ne lui eusse pas avoué. — *Si elle venait!* pensai-je. Tout à coup j'aperçus au bout de l'avenue un châle écossais, puis une jambe fine qui sautait par-dessus les grandes flaques d'eau. J'avais si fortement pensé à..... qu'elle était venue malgré l'orage.

Aujourd'hui, après trois ans, viendra-t-elle?

—

L'Oberland est plein de mendiants qui gâtent la nature. Que cette vallée est belle avec son torrent et ses rochers qui semblent des fortifications colossales! Mais la cascade de Staubach fait sortir de terre des enfants qui s'accrochent à vous, des marchands de sculptures en bois qui ouvrent leurs volets pour chaque passant, des joueurs de cor des Alpes qui font des accords parfaits imparfaits, des filles qui ne cherchent qu'à être troussées derrière une borne, pendant que dans un champ voisin une avide vieille regarde sournoisement si le voyageur s'est oublié avec ces drôlesses.

—

Du haut de la flèche de la cathédrale d'Anvers, les hommes semblent des fourmis.

Il ne serait pas bon de faire monter un despote sur les monuments élevés : d'en haut les massacres, les canonnades semblent trop peu de chose.

—

Je ne sais plus que penser des tableaux de Courbet au Salon de cette année (1853). Les sottes admirations, les détracteurs acharnés finissent par enlever le libre examen. Il est difficile de se dégager de ces influences, et le sentiment personnel en est troublé. En lisant une vive critique à propos des *Lutteurs*, j'ai d'abord cru que le feuilletonniste avait raison ; mais les maladroits éloges qu'il donne à un peintre médiocre qui a les défauts de Courbet sans aucune de ses fortes qualités, m'ont rendu la netteté nécessaire aux appréciations. Courbet est violemment attaqué à cause de ses prêches, de sa personnalité bruyante; il serait cependant équitable de ne pas lui opposer de honteuses médiocrités.

—

« Dépravé par les rêveries des romanciers, l'œil plein des chefs-d'œuvre de la statuaire et de la peinture, Tiburce trouvait des fautes de dessin dans sa maîtresse.

» S'il eût été poète, il eut fait des vers sur les tableaux des peintres. L'art s'était emparé de lui trop jeune et l'avait corrompu et faussé.

» Il avait beaucoup lu, beaucoup vu, beaucoup pensé et peu senti. » (Théophile Gautier.)

—

J'ai terminé, revu et corrigé *l'Adultère en province*. Le livre m'a moins déplu en bloc que quand je l'écrivais; mais l'adultère y est mal expliqué et certains chapitres sont écrits avec une précipitation que n'excuse pas la fatigue causée par cette œuvre.

—

Comme on jouait hier à la Porte-Saint-Martin le drame fastidieux de l'*Honneur de la Maison*, le public applaudissait, et moi j'étais pris d'une violente colère. En revanche les clowns anglais qui succédaient au drame m'ont beaucoup diverti et à leur tour les bourgeois mes voisins sont entrés en fureur.

―

« Plus un homme est grand artiste, plus il doit désirer les titres et décorations comme rempart, » dit Stendhal.

Le fâcheux est que les sots se croient de grands artistes.

―

Je n'ai jamais souffert autant qu'en présence de cette terrible questionneuse. Toujours elle parle, sautant d'un sujet à l'autre sans trait d'union. Le lendemain elle pose les mêmes questions que la veille. Elle n'écoute pas !

Quand j'ai fini d'écrire et que cette personne me parle de littérature, je suis au supplice. Sa vue m'agace. Je me réfugie au fond du jardin pour ne pas la rencontrer; elle m'y suit et m'entretient de Diderot et de Balzac. Elle serait capable de faire haïr Balzac et Diderot.

Pour punir ces enragées diseuses de riens, il faudrait les mettre au régime de l'algèbre. On pourrait également les enfermer en face d'une machine à vapeur et elles ne seraient rendues à la liberté qu'après en avoir expliqué le mécanisme dans tous ses détails.

―

Dimanche, au bois de Boulogne, une bande de petites orphelines, assises dans un pré, entouraient une sœur de charité qui leur contait des histoires.

En février, quelques arbres ont encore leurs feuilles rousses d'automne. De pâles rayons de soleil perçaient un ciel brumeux. Sur le fond du paysage jaunissant se détachaient le costume noir et les grands bonnets blancs des sœurs.

L'une d'elles contait aux orphelines l'histoire de l'homme qui a acheté pour huit sous d'huile et qui la fait verser dans son chapeau, parce que son vase est trop petit...

Les enfants écoutaient avec de grands yeux le conte; malheureusement m'étant approché de trop près, la supérieure fit un signe et toute la bande s'envola dans une partie du bois plus solitaire.

—

Si j'écris les romans suivants, avec quelques fantaisies qui peuvent se présenter, j'en ai jusqu'à quarante ans.

La maison du Chat brûlé, 1 vol. ; *Le miroir du faubourg Saint-Marceau*, 1 vol. ; *Les amis de la nature*, 1 vol. ; *Les amoureux de Sainte-Périne*, 1 vol. ; *La tragédie du passage Radziwill*, 1 vol.

On voit dans le jardin du Palais-Royal la statue d'un jeune homme qui vient de sortir de l'eau.

Un moineau hardi s'était perché sur une saillie de son corps, difficile à nommer même en latin. De là l'oiseau se remuait, battait des ailes et chantait gaiement comme pour montrer sa malice.

Une jeune fille qui passait s'arrêta devant ce spectacle et regarda quelque temps le moineau. Comme j'étais en face d'elle, appuyé sur la grille, ses regards rencontrèrent les miens. La jeune fille rougit et s'enfuit.

———

Plus le style est simple, moins il est sujet aux variations de la mode. De même des habits.

—

Il y a d'excellents morceaux dans les *Mémoires* de madame Sand. Je note surtout le portrait du vieux domestique Saint-Jean (20e ch., 2e vol.). Passion musicale (ch. 5, t. 1er). L'âne (t. 4e, p. 246). Le fou qui cherche la tendresse (p. 12, t. 5e). Le sermon du curé (p. 86, t. 5e). Le faux Deschartres (p. 102 et suite, t. 5e).

Quelques lettres de Maurice Dupin montrent que le sentiment de la nature est héréditaire dans la famille.

Les chapitres de l'enfance au couvent sont les meilleurs de l'ouvrage. Il n'y a que la *prière* de la fin dont le sens m'échappe;

« *Terre* de Pierre Leroux, *Ciel* de Jean Reynaud, *Univers* de Leibnitz, *Charité* de Lamennais, vous montez ensemble vers le Dieu de Jésus. »

Dieu ne doit-il pas être un peu surpris de voir monter vers lui ces fumées de religion confuses?

—

Madame Sand donne quelques phrases caractéristiques de Gustave Planche, tirées d'un *Salon* de 1831 :

« C'est une oisiveté officielle (la critique), un perpétuel et volontaire loisir ; c'est la raillerie douloureuse de l'impuissance, le râle de la stérilité ; c'est un cri d'enfer et d'agonie. »

Que le pauvre critique dut souffrir intérieurement!

« Honte et malheur à moi, ajoutait-il, si je ne puis jamais accepter ou remplir un rôle plus glorieux et plus élevé ! »

En effet, je l'ai connu honteux et malheureux.

Un jour je rencontrai Planche sur le quai Voltaire, absorbé devant une petite gravure sans importance en apparence. Je m'approchai quand il s'éloigna et je vis une ancienne estampe italienne qui représentait un homme se labourant le crâne avec le bec de deux oiseaux de proie qui lui servent de mains. Au-dessous se lit : *Io niente faccio, ed il cervel mi becco* (je ne fais rien et je me dévore la cervelle).

Planche ne retrouvait-il pas avec amertume le symbole du critique dans cette image ?

1853.

Je m'aperçois, avec plaisir, que j'ai terminé à peu près les travaux dont j'ai pris note depuis 1852 ; sauf *le Miroir du faubourg Saint-Marceau,* tout a été mené à bonne fin. Je vais parcourir attentivement chaque page de mes carnets et dresser un tableau des Romans, Contes, Nouvelles, et Idées de comédies que j'ai notés au fur et à mesure. Alors je verrai ce qu'il sera bon d'abattre aussitôt que *les Amoureux de Sainte-Périne* seront terminés.

(*Deux jours après*). Je me sens entraîné vers le théâtre. Le roman me fatigue à l'heure qu'il est. J'ai terminé aujourd'hui à la diable *les Amoureux de Sainte-Périne,* pour m'y être appesanti trop longtemps ; mais les difficultés étaient considérables. Enfin, consacrons une année au théâtre ; si cela ne va pas, je retomberai sur mes pattes de romancier.

« Si vous étudiez sérieusement dans sa vie et dans ses œuvres ce mystère de la nature qu'on appelle l'homme de génie, vous trouverez généralement que c'est celui qui, tout en acquérant les dons du critique, a gardé les dons du simple... » (Michelet.)

Je regardais un cadavre à l'amphithéâtre. Les principaux troncs artériels, la branche cutanée de l'artère pulmonaire, les fragments du système veineux disséqué offrent des tons plus éclatants que les tableaux des meilleurs coloristes.

—

« Le rhythme musical n'est autre chose que l'image d'un Dieu en trois personnes : Père, Fils et Saint-Esprit.

« L'âme étant créée à l'image de Dieu, tous les *mouvements* doivent présenter les caractères de Dieu lui-même. »

Voilà ce que dit madame Giertz dans une brochure sur le *Rhythme en musique*. Il n'y a que les dames slaves pour trouver de si belles choses.

—

Allé voir juger aux assises l'assassin Lemaire. Etant entré dans une maison pour tuer deux vieillards (c'était sa première affaire) : — J'ai comme une émotion, dit-il en retournant dans l'antichambre vers son complice, je voudrais un verre d'eau. — Je n'en ai pas, répond l'autre, veux-tu un œuf dur?

Lemaire mange l'œuf dur et assassine les deux vieillards. C'est étrange.

A cette affaire se rattachent d'autres détails sinistres. Les deux assassins s'étant introduits dans un presbytère tuent le curé et la servante qui allaient se mettre à table. Puis ils trouvent piquant de manger le repas préparé en face des gens assassinés qu'ils avaient mis à table; leur mettant un verre en main, ils trinquaient avec eux.

Jamais un romancier ne trouverait de pareils détails.

—

Budget annuel d'une grande maison dans l'antiquité :

Un philosophe touchait 3 oboles, représentant à peu près 45 cent.

Un médecin était payé 1 drachme, valeur approximative 1 franc.

Un cuisinier recevait 10 mines, qui équivalent à 720 francs.

Le salaire d'un pourvoyeur de débauche était de 1 talent, c'est-à-dire à peu près 5,500 francs.

Un flatteur touchait 5 talents, soit 27,500 francs.

Ces tarifs semblent singuliers. Mais à regarder de près autour de nous et surtout dans les hautes régions, on n'a pas sensiblement modifié aujourd'hui les salaires.

—

Haydn envoie à un critique des détails biographiques que celui-ci lui a demandés et termine ainsi : « Ma plus grande ambition est de passer aux yeux du monde pour un honnête homme, comme je le suis en effet. »

—

> Mourir va de soi-même

est un beau vers de Béranger, qui a un arrière-goût de Montaigne.

—

Non, mon ami Buchon, Paris ne lira jamais un roman qui s'appelle *la Fromagerie*.

Comment pouvez-vous croire que les dames s'intéressent à des titres pareils :

« *Peines des paysans pour régler leurs vaches.* »

« *La fromagerie se forme, le chalet surgit.* »

« *Disette de lait. Trop et trop peu gâte le jeu.* »

« *Embarras à l'occasion de l'herbe.* »

« *Des marchands de fromage et de la fièvre fromagère.* »

« *De l'examen des fromages et des manœuvres qui en résultent.* »

« *La conduite des fromages et ses suites.* »

« *Déboires d'amour et de fromage.* »

« *Enfin ! Les fromages sont vendus et pesés.* »

« *Quelque chose de filé bien menu.* »

Gotthelf a du bon sens, une certaine finesse d'esprit ; mais c'est un paysan vertueux qui écrit pour des paysans. Quels autres que des gens de Gruyère peuvent s'intéresser à de tels récits !

—

J'ai terminé à Bruxelles la comédie des *Trios des Chenizelles* qui peut aller. Cet été, il serait bon d'écrire trois ou quatre fragments des *Sensations de Josquin* pour Buloz. En même temps revoir et corriger le drame de *l'Apôtre*. Dans huit jours, quand je serai installé à Spa, arrêter le plan du *Miroir du faubourg Saint-Marceau* pour l'écrire cet été à Neuilly.

—

M. de Lorraine, dit Saint-Simon, « passa entre une double haie de voyeux et de curieux de bas étage. » Sans doute le mot parisien de *voyou* est une corruption de ces *voyeux*.

—

« Les noirs, dans tout le sud des États-Unis, sont bien nourris, suffisamment vêtus, et ils travaillent certainement moins que la grande majorité des artistes et des écrivains qui demandent l'existence à leur labeur. » (Comettant, *Trois ans aux États-Unis.*)

—

Je viens de corriger définitivement *l'Apôtre*. Je suis enchanté. Il doit y avoir quelque chose dans ce drame. Qu'on l'accepte ou qu'on le refuse, peu importe, je suis content; mais les *Trios des Chenizelles* me satisfont moins après une nouvelle lecture. Je suis tellement fatigué que j'ai laissé de côté le *Faubourg Saint-Marceau*.

Il serait bon dans ce moment d'opposer *Francion* au *Cyrus* que vient d'éditer M. Cousin, quoiqu'à cette heure peu de gens s'occupent du grand Cyrus. Tous ces beaux romans de cour ont fait leur temps; au contraire, cet aventurier de *Francion*, qui est l'un des pères de *Gil Blas*, reparaît triomphant après plus d'un siècle d'oubli. Deux éditeurs l'ont réimprimé en même temps et ce n'est pas un livre qui s'adresse spécialement aux bibliophiles.

—

Souvent, dans les pièces de théâtre, le mariage que les auteurs amènent pour le dénouement n'est qu'un dénûment.

—

Malherbe disait que quand on avait fait cent vers ou deux feuilles de prose, il fallait se reposer dix ans. Très-heureux, ce Malherbe, de n'avoir pas vécu en 1853, une jolie époque pour la littérature.

—

Il ne fait pas bon manger des cerises avec de grands seigneurs; ils vous jettent les noyaux à la figure. (Proverbe alsacien.)

—

Quelque argent donné à une vieille bossue qui vendait des oranges m'a plus rafraîchi que si j'avais mangé ses oranges. Grande joie intérieure et contentement pour la soirée. Nous ne faisons pas assez de bien. A développer dans les *Sensations de Josquin.*

—

1854-1856.

Avoir causé de Diderot avec Chenavard. Même conversation avec M. Augustin Thierry dans la soirée. Les hommes de cinquante à soixante ans, élevés dans l'admiration de Jean-Jacques, connaissent mal Diderot et ne lui sont pas sympathiques. Quel grenier d'idées pourtant!

—

Chez les Battas, près de Sumatra, l'amant convaincu d'adultère est condamné à être mangé vif par le mari.

Cela donne à réfléchir.

—

J'écrivais dans un café : un gros chat vint à moi, je le caressai en lui grattant la tête, puis je repris mon travail. Quelques minutes après, le chat se souvenant de mes caresses, vint de nouveau se frotter contre mes jambes. Sans regarder, je baissai la main ; mais à mon grand effroi ma main rencontra le chat plus tôt que je ne m'y attendais. L'animal était devenu très-grand et ses poils rudes me donnèrent le frisson.

Au chat avait succédé tout à coup un gros chien.

—

En mars et avril, je devrais écrire : 1° *Les quatuors de l'île Saint-Louis;* 2° *La vie et la mort d'un géant;* mai je n'ai pas d'idées en ce moment. Après l'été, il faut revenir à Paris avec les *Paysans de Longpont* entièrement terminés. Le difficile est que j'ai commencé ce livre avec des personnages peu sympathiques : là est le secret des romans. Trouver des types intéressants, l'œuvre peut être irrégulière.

—

Je suis effrayé des études que chaque roman nécessite. *Le miroir du Faubourg Saint-Marceau* (1) m'a déjà pris un temps considérable et je ne suis qu'au début des renseignements.

Pour le roman de *Monsieur de Boisdhyver*, il est utile de fréquenter des prêtres. Lire les *OEuvres de François de Sales*.

Le traité de *tératologie* de Geoffroy Saint-Hilaire qui manque à la Bibliothèque, arrête la *Vie et la mort d'un géant*.

Une petite nouvelle de chemin de fer m'a fait feuilleter la *Gazette des Tribunaux* tout entière.

Si j'écris le conte du Botaniste, professeur au Jardin des Plantes, je devrai suivre des cours d'histoire naturelle.

Cette méthode de bases positives est-elle bonne ?

—

Le charme de certains auteurs étrangers ne tient-il pas

(1) Ce roman a pris plus tard pour titre la *Mascarade de la vie Parisienne*.

aux mêmes causes que produit au bal masqué une femme, la figure couverte d'un loup? Presque toutes les physionomies deviennent piquantes grâce à ce demi-masque. La tournure d'esprit particulière aux étrangers donne à leurs écrivains une sorte de ragoût et l'inaccoutumé nous séduit sur l'instant.

Je comprends mieux David depuis que j'ai vu son œuvre tout entier au Musée d'Angers. C'était un homme. Ses portraits au crayon de vieux chouans, M. Ingres les admirerait. David avait pris beaucoup de notes d'après nature. Beau spectacle que d'embrasser d'un coup d'œil toute une vie de travail, de recherches et d'aspirations. Alors l'homme disparaît pour faire place à l'artiste. Il a beaucoup travaillé, il devait être meilleur que d'autres. La fécondité est déjà un des signes du génie. *Le mouchoir bleu* si célèbre de Béquet, le fameux *Châle vert* de je ne sais qui, sont des niaiseries à l'aide desquelles on combat les grands travailleurs. Il faut produire beaucoup et faire de son mieux. Les maladresses même de David m'intéressent. Il s'est trompé ce jour-là, il était homme.

Et quel curieux! Je le rencontrais souvent aux cours d'anthropologie du Jardin des Plantes. Le catalogue de la vente de sa bibliothèque prouve combien il se préoccupait des phrénologues, des physiognomonistes, des médecins philosophes. Il cherchait à pénétrer plus avant dans l'homme. Je regrette de ne pas avoir connu David.

—

M. Zangiacomi interroge un accusé :

— Il paraît qu'indépendamment de votre état, vous vous occupiez de mauvaises lectures, de romans, de drames ; vous écriviez même des poésies. On a trouvé chez vous des vers de votre composition ; ils sont empreints d'une mélancolie très-sombre. Comment trouviez-vous le temps de vous occuper de ces *mauvaises choses?*... Vous ne répondez pas...

En effet, que répondre ?

La magistrature n'aime pas les lettrés. Et il faut une réputation solidement établie pour qu'un écrivain comparaisse devant un tribunal sans être malmené.

Si jamais je suis interrogé par un juge sur ma profession je répondrai : — Propriétaire.

L'idée de la propriété littéraire servira toujours à quelque chose.

—

Avoir passé une soirée à l'Athénée à écouter les messieurs qui s'intitulent *Révolutionnaires de l'A. B. C.* Il n'est rien moins question que de fonder une langue universelle. Les célèbres Maîle, Gagne, Potonnier, Cellier-

Dufayel, Bonnard ont parlé de la nécessité de fonder un Comité de succès public.

La soirée s'est passée à discuter sur la linguistique que quelques-uns appellent la linguaste, d'autres la languaste. — La langouste, dirait le gourmand Monselet.

———

Il s'échappe presque toujours quelque chose de touchant des derniers écrits des suicidés :

« Mon cher père et ma chère mère, je vous dis adieu pour toujours. Je vous prie de m'enterrer avec mon petit Eloi, et ma chère femme avec son petit Victor et puis son petit Florentin, en vous embrassant de tout mon cœur, mon cher père et ma chère mère.

« Mon cher père, ma chère mère, je vous dirai que voilà sept ans que nous sommes tous esclaves, nous vous quittons et nous vous embrassons nous et nos petits enfants.

« Je vous dirai que c'est Léandre Mercier, le charron, qui est la cause de notre mort, car s'il ne m'avait pas fait peur, je n'en serais pas là. Je vous prie de renoncer aux dettes. »

———

Je lis dans une biographie de Joseph de Maistre qu'il notait ce qui le frappait dans ses lectures et qu'à la fin de chaque cahier il dressait une table. Depuis un an j'agis de même ; mais j'ai accumulé tellement de sujets de romans, de détails de types, d'études, de portraits, que je ne m'y reconnais plus.

———

Lu presque en même temps les *Œuvres posthumes* de Stendhal et celles de Joseph de Maistre. Sans attacher une importance considérable aux opinions religieuses du dernier, l'impression produite par son livre est de beaucoup supérieure à celle des lettres de Stendhal. De Maistre est un grand caractère, Stendhal n'a pas de caractère.

Irrésolu, mécontent de la position qu'il a tant cherchée, possesseur d'une petite fortune (6,000 livres de rentes à peu près), qui lui permet d'écrire tranquillement, Beyle est inquiet : son consulat lui semble un exil. En apparence enthousiaste de l'Italie, il médit du pays, des habitants, de la société qu'il voit, et tient plus aux honneurs qu'il ne veut le faire paraître.

De Maistre, loin de sa famille, sait vivre en pays étranger ; mal payé par son souverain, ayant à peine le moyen d'entretenir un secrétaire, son esprit ne faiblit pas et s'aguerrit dans de prodigieux travaux.

Le seul point commun entre deux écrivains si dissemblables, est la crainte que le public ne les oublie. Cela se voit aux recommandations de remettre leurs livres à des personnes considérables ; tous deux montrent une certaine inquiétude de l'opinion des journaux.

—

Currer Bell regardait la publication d'un roman nouveau comme un acte de conscience, et prétendait que la peinture de la vie ne doit être que le produit de l'expérience et de l'observation personnelle.

— Depuis que j'ai écrit *Jane Eyre*, disait-elle, je n'ai pas encore assez accumulé pour avoir à parler. D'ici là, Dieu me fasse la grâce de rester muette.

—

J'ai terminé enfin aujourd'hui le roman de **Monsieur de Boisdhyver**. Il y manque une conclusion de deux ou trois pages. Mais je suis brisé de fatigue et n'ai pas la force d'y changer une virgule. Tel qu'il est, je vais le porter à Girardin. Hier, les derniers chapitres m'ont paru meilleurs.

—

Belle parole de Pestalozzi : « Je veux qu'on m'enterre sous la gouttière de l'école et qu'on n'inscrive que mon nom sur la pierre qui me recouvrira. Lorsque les gouttes qui tombent du ciel l'auront creusée à moitié, on se montrera plus juste envers ma mémoire qu'on ne l'a été pendant ma vie. »

—

Le père de Courbet est un paysan malin, gausseur et distribuant à chacun de rudes coups de boutoir. Il faut l'entendre parler des notaires. Il prononce *monsieur le notaire* avec un accent railleur que rien ne peut rendre. On appelle, à Ornans, le père Courbet un *cudot*. Faire des *cudes*, en patois franc-comtois, c'est tenter de folles entreprises. Le père fait comprendre le fils. C'est un inventeur en agriculture, qui ne se soumet à aucun jugement des comices.

Quand il a imaginé quelque hache-paille, quelque charrette bizarre, il passe à une nouvelle entreprise sans tirer parti des précédentes. D'où le surnom de *cudot*.

Mais le père Courbet n'en est pas moins gai, fin et gausseur. Nous avons été voir ensemble le fameux bedeau de l'*Enterrement d'Ornans*, ce bedeau au nez rouge qui scandalisa tellement les délicats :

— Les femmes sont malines tout de même, me disait le père Courbet, de faire des nez pareils.

—

Terminé aujourd'hui, à Neuilly, *Richard Loyauté*, dont la fin m'a ennuyé profondément. Tout d'abord j'ai cru l'idée bonne ; mais elle a été pénible à l'exécution. Ce conte de quelques pages aura été écrit à Vichy, à Paris, à Besançon, à Salins, à Montbéliard et à Neuilly.

Les bonnes choses viennent plus facilement.

—

Les *Paysans* que je viens de lire, un nouveau roman, *Madame Bovary*, ce que j'entends dire à propos de *Monsieur de Boisdhyver* et de *la Succession Le Camus*, semblent montrer que le public est fatigué des romans d'observation. *Madame Bovary* sera le dernier roman bourgeois. Il faut trouver autre chose.

—

Pendant que je ferai ma *Gazette*, un an à peu près, chercher et étudier.

—

Cette année 1856 a été particulièrement troublée.

Ma maladie au Havre qui a laissé de longues traces; la mort de ma sœur; la publication de *Monsieur de Boisdhyver* dans *la Presse*, et les angoisses que ce livre m'a causées avant et pendant; l'insuccès de ma *Gazette*, qui a coûté quelque argent; la mise au pilon de *Mademoiselle Mariette*; le duel manqué avec M..., qui s'est mal conduit, mais que je retrouverai un jour.

Quelle année! Je pouvais à peine travailler; je regardais passer les événements.

—

Un peu consolé à Bruxelles, en retrouvant au théâtre du *Paradis des Roses* l'ancienne Colombine des Funambules. Elle jouait un vaudeville, *les koekeback* (sorte de crêpes); cette farce m'a fait oublier mes tracas parisiens.

—

1859-1861.

Les détracteurs de Wagner sont nombreux et agressifs, les enthousiastes en minorité ne leur cèdent guère en violence. On contait au foyer des Italiens que M. Girard, chef d'orchestre de l'Opéra, avait dit en entendant parler de la *musique de l'avenir :*

— J'espère bien mourir avant de l'entendre.

— En effet, reprit un enthousiaste, il est mort pour avoir fait un mot, et c'est bien fait.

—

Titres de romans de 1859 à 1861 :

Elle et lui. — Lui et elle. — Elle. — Lui. — Eux. — Elles. — Lui et elles. — Elles et lui. — Eux et elle. — Elle et eux.

On pourrait ajouter à cette nomenclature :

Elles tendres. — Eux durs.

La série serait complète.

—

Un spectacle dans un cercueil fournirait matière à une amusante brochure à propos de Musset, assistant du fond de son tombeau aux discussions qu'amènent les nombreux romans publiés sur l'état de son cœur.

—

Fragment caractéristique des *Mémoires de Kotzebue;* en Allemand naïf, il raconte ceci à ses lecteurs :

« Ma pauvre petite femme étant très-malade, ne voulut prendre de lavements que de ma main. Je lui fis cette opération pour la première fois en tremblant; mais ayant reçu quelques leçons du conseiller Starck, la chose alla très-bien depuis : ma femme fut contente et elle me donna un tendre baiser pour cela.

» Oh! comme tout est facile à l'amour! » s'écrie Kotzebue en terminant ce récit domestique.

Je paierais bien cher pour assister à l'étonnement du docteur Véron trouvant un matin ce petit drame touchant en tête du *Constitutionnel*.

—

J'essaie de relire les *Pensées* de Pascal qui m'ont déplu jadis. L'impression n'est guère plus satisfaisante aujourd'hui. Combien je préfère Montaigne, dont les *Essais* sont la trame capricieuse sur laquelle Pascal étend ses couleurs sombres; pourtant la conversation de Pascal avec M. de Sacy sur Epictète et Montaigne est divertissante. Le grave et austère penseur est réprimandé lui-même à cause de son admiration pour Montaigne : « Je ne blâme point l'esprit de cet auteur (M. de Sacy parle de Montaigne) qui est un grand don de Dieu; mais il pouvait s'en servir mieux et en faire plutôt un sacrifice à Dieu qu'au démon. A quoi sert un bien quand on en use si mal? »

Tel est le langage des doctrinaires quand ils parlent d'esprits indépendants.

—

Qu'aurait dit M. de Sacy de ces deux jolis vers d'un poëme allemand du moyen-âge?

> « Deux tétons comme deux petites poires,
> Tendrement serrés contre le petit cœur. »

« Les princes font ordinairement des choix plus sages que les serviteurs auxquels ils confient la disposition des places. J'ai vu plus d'une fois un prince choisir un ministre capable; jamais je n'ai vu ce ministre profiter de son crédit pour disposer d'un emploi en faveur de la personne qu'il en croyait le plus digne. » (Swift.)

Je sens s'agiter en moi deux natures opposées, qui malheureusement arrivent rarement à se fondre et à s'entendre.

La prudence lutte avec l'imprudence, la réflexion avec l'irréflexion, l'ordre avec le désordre, le calme avec la violence, la timidité avec l'audace; aussi, ne puis-je me regarder intérieurement sans penser à mon père et à ma mère qui m'ont doué de ce singulier tempérament auquel manque trop souvent le trait d'union.

Sur ce miroir intérieur se réfléchit l'image d'un père vif et emporté, tandis qu'à ses côtés apparaît la figure de ma mère, douce et résignée.

Ma mère se fût privée de nourriture pour réparer les brèches faites au budget du ménage par la prodigalité de mon père.

Je suis capable d'économies d'avare pour moi-même, et je dépenserai n'importe quelle somme pour mes études.

Mon père se couchait tôt, se relevait à minuit, écrivait, rimaillait, se recouchait et troublait ma mère par sa conduite bizarre.

Je me lève matin, me couche de bonne heure, essayant de régler mon travail ; tout à coup je suis pris de lourdeurs d'esprit qui m'anéantissent, m'enlèvent jusqu'au courage de penser et me clouent sur un divan des journées entières.

Ma mère, toujours solitaire, trompait ses chagrins par un travail assidu ; mon père avait soif d'air et de liberté. L'intérieur lui pesait ; au-dedans ce n'était que mutisme, rompu tout à coup par des tempêtes que ma mère supportait sans mot dire.

Je baisse volontiers la tête devant l'injustice, et silencieusement je ronge mon frein jusqu'au jour où la bourrasque éclate ; mais la marche et le spectacle de l'extérieur, la rencontre d'un ami ou d'une nature sympathique me changent et me rendent gai, ouvert.

Ainsi pourrais-je continuer à mettre en regard ces deux influences nécessaires dans leur diversité, et qui cependant pour ne pas s'être fondues absolument, ont produit une humeur particulière.

—

Vraiment je n'ai pas à me plaindre de la critique. Encouragé tout d'abord, discuté vivement ensuite, j'ai plus gagné à la discussion qu'à la louange. J'y ai appris peu à peu à me défier de la facilité de la plume : je me suis enfermé cinq ans, lisant, réfléchissant et vivant avec sobriété. Toute dépense m'a paru inutile, qui ne regardait ni les lettres ni les arts. Mais il m'aurait fallu un peu plus d'argent. Les trente mille francs que j'ai jetés dans la gueule de l'instruction, je ne les regrette pas.

—

Kestner écrit que Gœthe, à l'âge de vingt-trois ans, avait « l'habitude de dire qu'il s'exprime toujours improprement, qu'il ne pouvait faire autrement ; mais il espère en avançant en âge pouvoir penser et exprimer ses pensées mêmes ou telles qu'elles sont. »
Ne pas oublier cette confession de Gœthe.

—

On a beaucoup crié contre Wagner à propos de son orgueil démesuré. Il nie, dit-on, Mozart, Rossini, toute l'école italienne. La vérité est que peu de critiques, et surtout peu de gens du monde, lurent la préface en tête des quatre poèmes de Wagner. L'auteur de *Tannhauser* regarde la musique comme un art sérieux, et il qualifie de musique *de table* les divertissements mélodiques composés uniquement pour amuser. Les aspirations du maître allemand sont élevées ; au contraire des Italiens, qui écoutent un air de ténor, prennent des sorbets dans leur loge, font la conversation en attendant l'air de la prima-donna, Wagner voudrait que son drame (poème et musique) fût entendu avec le recueillement qu'il a apporté dans sa conception. C'est le rêve de tout artiste qui a le respect de son art.

Cette question d'art amusant, d'*art de table*, se représentera dans tous les temps et doit engendrer de semblables luttes. D'un côté se tiennent les hommes convaincus, en petit nombre ; de l'autre, les gens d'esprit, qui, ayant sondé les difficultés de l'art, raillent les convictions qui les gênent.

Une bonne soupe est excellente le matin en se levant et non moins bonne pour l'esprit la lecture d'un chapitre de Montaigne.

Le nourrissant Montaigne fait penser à cet Anglais qui mangeait toujours un beefteack avant son dîner, le dîner fut-il de quatre services. Quand un homme a lu le matin un chapitre de Montaigne, alors seulement il peut grignoter sans danger les articles de journaux.

—

« Il faut toujours dire aux femmes qu'on les aime ; et quand de cent femmes vous n'en persuaderiez que cinq, c'est le taux. Le capital est bien placé à 5 pour 100. » (*Souvenirs du marquis de Valfons.*)

—

SÉANCE DU SÉNAT DU 6 MARS 1861. — *M. le sénateur-secrétaire* lit l'amendement proposé par MM. les sénateurs Poniatowski, de Saulcy, Lebrun, Mérimée, Dumas.

Il est ainsi conçu : « Les encouragements donnés aux œuvres de l'intelligence honorent un règne et fécondent le génie d'une époque. Nous avons confiance que ces encouragements, insuffisants jusqu'à ce jour, deviendront plus dignes du règne de Votre Majesté et du grand empire qu'elle gouverne. »

M. Leroy de Saint-Arnaud expose sommairement, au nom de la commission, les motifs qui lui font repousser l'amendement.

M. le marquis de Boissy. Je ne parlerai pas sur le paragraphe, je ne veux faire qu'une seule observation. Je regrette que ce sujet, *qui n'a pas un grand intérêt pour le pays*, ait été introduit dans l'adresse. Je le répète, j'ai le regret, partagé, du reste, par beaucoup de monde, qu'une affaire *de si minime importance* se trouve dans l'adresse du Sénat : cela *n'intéresse pas beaucoup la France*.

Un sénateur. Comment ! les sciences, les lettres, les arts, n'intéressent pas la France?

M. le marquis de Boissy. Je me trompe peut-être, mais je me trompe avec beaucoup de monde.

—

Quelques jours après, M. de Boissy, qui ne doit son peu de réputation qu'au souvenir de lord Byron, avait l'honneur de dîner dans une maison en compagnie d'hommes qui tous s'étaient créé un nom.

J'ai rarement vu un être plus insupportable par ses gestes, ses allures et son costume. Le beau, l'élégant et le distingué n'ont rien à démêler avec cet oiseau, qui portait une haute et empesée cravate blanche, attachée par derrière, — avec une boucle.

Le marquis, quoiqu'il redressât la tête pour se donner un maintien, n'en était pas moins embarrassé au milieu des intelligences qu'il avait en face et à ses côtés. Sentant son infériorité, il ne pérorait plus comme au Sénat. Et s'il n'eût pas été impoli de faire une semblable motion, il eût été piquant qu'un convive lui envoyât cette balle : — Dans un groupe d'esprits distingués, à quoi bon un monsieur de Boissy?

« Quand on est aimé d'une belle femme, on se tire toujours d'affaire. » (Voltaire.)

Je ne rapporte de mon voyage de Montbéliard qu'une anecdote, mais elle vaut le voyage.

Le commissaire de police de Montbéliard était, un matin, occupé à se faire la barbe en face d'une petite glace accrochée à la fenêtre. Tout à coup une ombre noire devant la fenêtre vient troubler le magistrat et lui fait déposer son rasoir.

Cette ombre provenait des fesses d'une horrible vieille qui se vengeait ainsi du commissaire de police de ce qu'il l'avait fait condamner à l'amende en justice de paix.

« Les beaux vers sont ceux qui s'exhalent comme des sons ou des parfums. » (Joubert.)

« Siegwart et son ami Werther exécutaient un soir sur le violon un adagio de Schwindl. Et ils jouaient d'une manière si plaintive, si fondante, si frémissante, que leurs âmes devinrent molles comme de la cire. Ils déposèrent leurs violons, se regardèrent avec des larmes dans les yeux, ne dirent qu'un seul mot : *Excellent !* et allèrent se coucher. »

Ce détail, que j'ai pris dans je ne sais quel livre, peint bien l'Allemand de la fin du xviiie siècle.

———

Antony Deschamps, qui allait beaucoup dans les soirée esthétiques et raillait volontiers dans l'intimité, me raconte ces deux conversations du monde.

N° 1. Madame X...., 52 ans (à un jeune homme). — J'ai enfin à peu près trouvé ce que je souhaitais depuis longtemps : un salon assez grand pour recevoir beaucoup de monde, un beau mobilier, de la fortune et un mari infidèle.

N° 2. Madame M. W..., bas-bleu, 65 ans au moins. Antony entre, va la saluer et lui donne la main qu'elle presse fortement en s'écriant :

— Croyez-moi, Antony, il faut aimer.

Cela dit à brûle-pourpoint, devant tout le monde.

———

Cette querelle des réalistes et des idéalistes est fatigante et sans fin. Il y a de grands et petits esprits, il y a des esprits masculins et des esprits féminins. C'est entre ces natures si diverses que se passe le combat. Seulement les esprits féminins sont en grand nombre et assourdissent les gens de leurs cris et de leurs jérémiades. — *Nous sommes perdus! — Voilà les barbares!*

On a gémi de même du temps de Rabelais, de Montaigne, de Shakspeare, de Cervantes, de Le Sage, de Swift, de Diderot, de Balzac. Ces curieux, avides de tout savoir et de tout analyser, répandent l'alarme parmi les esprits féminins. Que veulent-ils savoir de plus? Jusqu'où comptent-ils aller? Doux Jésus! les vieilles dévotes qui marmottent leurs litanies ne poussent pas plus d'exclamations.

Toutes les vérités étant dans les mains de penseurs qui les jettent à poignées à leurs contemporains, ces vérités ceux-ci ne peuvent les digérer. Voilà le malheur, madame Sand, dans ses Mémoires, rapporte une entrevue avec Balzac, et une autre avec Stendhal. Le premier lui lut un *conte drôlatique*, le second l'entretint pendant toute une traversée de propos salés. Madame Sand ne cache pas la fâcheuse impression qui résulta pour elle de la rencontre de ces deux hommes; elle ne se rend pas compte que Balzac et Stendhal prirent plaisir à semer à pleines mains le sel gaulois, sachant qu'ils avaient affaire à un grand esprit, mais grand esprit féminin.

—

Prié d'être témoin dans une affaire d'honneur, le prince

de Ligne écrivait à son intendant : « Faites qu'il y ait à déjeuner pour quatre et à dîner pour trois. » Je connais beaucoup de gens qui n'aiment pas ce menu.

—

Quand la vieillesse arriva, le prince de Ligne écrivit à deux belles Juives en prenant congé d'elles : « Adieu, vous êtes décidément les dernières que j'aie adorées au troisième. »

—

Un procureur impérial, à propos d'un témoin qui avait reçu en pleine poitrine un coup de faulx, s'écriait :

— Un peu plus près du cœur et il tombait foudroyé.

— Vous voulez dire *faulxdroyé*, reprit un avocat goguenard.

—

Combien d'excellents sujets de comédie gâtés par la timidité de l'écrivain ! Plus le sujet est audacieux, plus l'homme se montre défaillant.

Qui force le poète à s'attaquer à une forte idée ? Je ne soulèverai pas un poids de cent livres s'il doit m'écraser.

Les auteurs dramatiques ne semblent pas connaître les réels sentiments du public ; s'ils en avaient conscience, ils iraient jusqu'au bout de leurs hardiesses et le public les en récompenserait.

Un des plus nerveux chercheurs d'aujourd'hui, M. Théodore Barrière, fait jouer *les Parisiens*, qui n'obtiennent qu'un succès médiocre. Pourquoi ? Parce que le public, qui a le sentiment du vrai, se trouve tout à coup en face de deux actes fades et faux quand les deux premiers étaient nets et vigoureux.

M. Barrière met en scène des gens vicieux de diverses classes ; il arrache leurs masques et les flagelle de sa vive ironie. Très-bien.

Changement de décors et changement de caractère des personnages. A l'acte suivant les usuriers, les hommes politiques sans conscience, les hypocrites deviennent tout à coup des modèles de vertu. Il a suffi que la toile tombât pour rappeler tous ces gens au repentir.

On entrevoit que M. Barrière a peur du public, qu'il veut le flatter et présenter à la foule un miroir complaisant où la vieille coquette devient aimable, où le faux dévot se transforme en Vincent de Paul, où le chevalier d'industrie se change en honnête père de famille.

M. Barrière croit-il que la peinture logique du vice nuirait à son drame ? Il a donc peur d'effrayer une foule où les vertus ne sont pas en majorité.

La foule, quoique vicieuse, a le sentiment de l'honnêteté. L'individu isolé peut se gendarmer contre son portrait ; le public en masse subit les réquisitoires de l'auteur comique.

Ces concessions, cet illogisme dans la représentation des vices sont absolument modernes, le grave défaut du théâtre contemporain, et un certain nombre d'auteurs dramatiques de talent en sont affectés.

« Lorsqu'on a comme moi épousé une méchante femme, s'écrie George Dandin, le meilleur parti qu'on puisse prendre, c'est de s'aller jeter à l'eau, la tête la première. »

Les auteurs dramatiques modernes auraient replâtré le dénouement et donné à croire qu'une heureuse union peut résulter encore des intrigues de la fille des Sottenville et des complaisances d'un mari qui ne veut rien savoir.

Quel est l'audacieux qui aujourd'hui concluerait par le logique dénouement du *Mysanthrope?*

>Trahi de toutes parts, accablé d'injustices,
>Je vais sortir d'un gouffre où triomphent les vices,
>Et chercher sur la terre un endroit écarté
>Où d'être homme d'honneur on ait la liberté.

Il serait si simple, au dernier acte, de faire d'Alceste un optimiste !

———

« Il arrive quelquefois que les plus honnêtes gens sont ceux dont la réputation est le plus en butte aux traits de la calomnie; comme nous voyons communément que les meilleurs fruits ont été becquetés par les oiseaux et rongés par les vers. » (POPE.)

Appelé au ministère à propos des *Amoureux de Sainte-Périne*. Le directeur de l'assistance publique, s'imaginant sans doute que je suis un *historien*, a adressé une plainte au ministre. Par extraordinaire, le chef du service de la presse, M. Salles, est un homme d'esprit, qui, ayant fait du journalisme dans sa jeunesse, a conservé quelque sympathie pour la littérature, qualité fort rare chez les administrateurs d'aujourd'hui.

Les ordres n'en sont pas moins formels : terminer tout de suite, en un numéro, le jour même, la publication de ce roman dans *la Presse*.

Déjà le drame, par suite de fatigue, tournait court. Il faut encore couper et trancher dans le vif, sans avoir le droit d'en informer le public.

Et il y a des gens de mauvaise foi qui prétendent qu'aujourd'hui la liberté de la presse est une utopie !

« On reprochait à M. L..., homme de lettres, de ne plus rien donner au public : — Que voulez-vous qu'on imprime, dit-il, dans un pays où l'*Almanach de Liége* est défendu de temps en temps. » (Chamford.)

Ce matin, fatigué des luttes de la vie parisienne, n'ayant pas de livres nouveaux sous la main, j'ai feuilleté le cahier de la *Danse des Morts* d'Holbein, et cela m'a réconforté. Il semble que l'artiste soit plein de colère contre les grands et les riches, la jeunesse et la beauté. Oui, tout ce qui est heureux sur terre est réellement *empoigné* par la Mort, avec une joie sauvage. Dans quelques estampes la Mort bat du tambour d'une façon frénétique, en riant sarcastiquement de ses mâchoires vides. Holbein a voulu clairement indiquer sa pensée : quand la Mort joue du luth ou de la mandoline, c'est en signe d'allégresse de l'importance de sa proie ; elle est ivre de joie en entraînant princes, prélats, nobles, courtisans ; les vicieux, les débauchés, les avaricieux la remplissent de gaîté. Elle se montre tout à coup à eux comme une pantomime imprévue et toujours désagréable. Cachée dans un coin, derrière une porte, elle s'écrie : « Me voilà ; voilà la Mort ! » Et la terreur qu'elle amène sur les physionomies change son amertume habituelle en une sorte de joyeuseté particulière.

Mais quand il s'agit d'un pauvre, d'une vieille qui revient de la forêt succombant sous le fagot dont son dos est chargé, quand le malheureux laboureur a répandu sa sueur dans les sillons, ou qu'un vieux savant a pâli sur les livres, Holbein veut que la Mort s'humanise et apparaisse pleine de pitié.

—

SÉANCE DU SÉNAT (MARS 1861) : — *M. le baron de Chapuis-Montlaville* lit un discours dans lequel, en félicitant le gouvernement de l'empereur des encouragements donnés aux lettres, il croit devoir l'applaudir avec non moins d'empressement du soin qu'il apporte à améliorer les mœurs et à détourner le peuple des mauvaises excitations. Il s'élève à ce sujet contre les fâcheuses tendances d'une certaine littérature qui, sous le titre de roman-feuilleton, s'est répandue partout :

« On a entrepris une croisade contre cette misérable littérature, il faut la poursuivre. M. Billault s'était préoccupé de cette grave question, dont il a fait l'objet d'une circulaire spéciale : l'orateur ne doute pas que son successeur au ministère de l'intérieur ne continue cette œuvre de moralité.

« Sous l'ancien gouvernement, l'orateur avait fait aux Chambres une proposition tendant à faire frapper d'un timbre spécial les feuilletons-romans. Cette proposition, sur laquelle M. Fould fit un rapport à la Chambre des députés, ne fut pas adoptée : les journaux alors étaient une puissance.

« Sans revenir à ce moyen, n'y en a-t-il pas d'autres qui pourraient être utilement employés? D'abord le refus d'autorisation pour les publications de cette nature, puis l'influence que l'administration peut légitimement exercer sur les imprimeurs, puisqu'ils tiennent d'elle leurs brevets. »

Le grand politique que ce baron de Chapuis-Montlaville !

—

« Les mots, dit Joubert, s'illuminent quand le doigt du poète y fait passer son phosphore. » M. Chapuis-Montlaville aurait grand besoin d'acheter de ce phosphore.

—

M. le chancelier d'Aguesseau, dit un contemporain, ne donnait jamais de privilége pour l'impression d'aucun roman nouveau, et n'accordait même de permission tacite qu'à de certaines conditions. Il ne permit à l'abbé Prévost d'imprimer les premiers volumes de *Cléveland*, que sous la condition que *Cléveland* se ferait catholique au dernier volume.

—

Le père Duhalde, missionnaire, rapporte qu'en Chine, tout roman en général est prohibé par les lois. « L'empereur régnant Khien-long en a flétri trois qui passent pour des chefs-d'œuvre. Le premier a été marqué du caractère *Tao* (couteau, poignard), parce qu'il raconte des histoires qui peuvent affaiblir l'horreur du meurtre et faire naître des idées de révolte ; le second, du caractère *Sie* (faux, menteur) : c'est un roman plein de diableries et de sorcelleries sur l'entrée des livres de Fo en Chine ; le troisième, du caractère *Ju* (impur, déshonnête), à cause des peintures et des descriptions galantes dont il est rempli. »

Les Amoureux de Sainte-Périne appartiennent donc au genre *Ju*. Si cette nouvelle étiquette pouvait nous débarrasser du *réalisme !*

—

— Vous savez ce que l'on aime dans sa maîtresse, dit Werner.

Woght hésitait et ne savait pas trop ce qu'il devait nommer.

— C'est Dieu ! poursuit le poète.

— Ah ! sans doute, reprend Woght avec un air convaincu.

C'est Sismondi qui raconte à madame d'Albany cette conversation d'un idéalisme si transcendental.

—

Est-il vrai que M. Dennecourt a demandé qu'on plaçât la forêt de Fontainebleau au rang des **monuments historiques ?**

Question que je n'oserai poser dans un journal, car ils sont sacrés les sentiers tracés dans la forêt par le Sylvain de Fontainebleau, et ces braves « amis de la nature » n'admettent pas qu'on en puisse sourire un instant.

—

Quelques écrivains ont pour système de se loger quantité de mots dans la tête : ils feuillettent le Dictionnaire et y piquent les mots peu employés, les termes étranges.

L'un d'eux me disait qu'il était l'homme de France qui savait le plus de mots et qu'il lui serait possible de réciter le *Manuel du Carrossier* tout entier.

Le danger est que tant de mots accumulés forment tas et empêchent les idées de pénétrer. Surabondance de mots, pauvreté d'idées.

—

Avoir rencontré un perroquet en gants jaunes qui m'a dit être l'auteur de *Point d'exclamation!* — « Vraiment, monsieur ! — Oui, j'arrive de Fécamp avec ce volume pour prouver que je peux faire un roman ; mais mon intention est d'entrer dans l'état-major de la presse. — Fort bien, monsieur. » Ici le perroquet me prend le bras. — Que pensez-vous de l'immortalité de l'âme ?

Une telle question de la part d'un homme qui a publié un livre intitulé *Point d'exclamation!* m'étonne encore plus que son idée d'entrer dans l'*état-major* (?) de la presse. — « Vous ne croyez pas sans doute à l'immortalité de l'âme, continue-t-il. — Mais, monsieur... » Alors le perroquet part en raisonnements ; il veut me convaincre, me persuader, il parle sans s'arrêter. Plein de confusion, je sens que je suis devant un tribunal présidé par un juge bavard et inexorable : la défense n'est pas libre ; le perroquet me bride la langue par sa facilité d'élocution. Enfin il consent à me laisser anéanti, plein de colère de n'avoir pas dit à l'homme ce que je pensais de sa fastidieuse familiarité.

Tout d'un coup je pars d'un éclat de rire. Le perroquet m'est apparu sous son vrai jour. Il m'a pris pour une machine à coups de poing et a essayé sur moi ses raisonnements, comme d'autres essayent leur force sur une innocente tête de bois. L'auteur de *Point d'exclamation*, tout sot qu'il est, ne manque pas de finesse. Il doit sans doute aller dans le monde ce soir-là et débiter aux dames de belles phrases sur l'immortalité de l'âme. C'est avec moi qu'il a fait sa répétition.

—

« Pas de plus agréable travail que de contrôler les noms d'hommes célèbres, d'examiner leurs droits à l'immortalité, de les délivrer de souillures imméritées, de dissoudre le faux badigeon de leurs faiblesses, de faire, en un mot, au sens moral ce que fait au sens physique celui qui est préposé à la surveillance d'une galerie de tableaux. » (LESSING.)

—

Le matérialisme, en tant que doctrine, n'est qu'une religion fastidieuse d'où sont écartées la pensée et l'imagination. Ceux-là qui s'insurgent contre les dogmes, constituent un nouveau dogme avec l'athéisme. Ils n'ont pas le droit de se moquer des croyants : l'athéisme est une croyance.

Tu meurs athée et tu as soin de le faire imprimer dans les journaux. Cette déclaration ne te donne pas un brevet d'intelligence. On a vu des athées qui n'étaient que des sots.

Je ne trouve pas de déclaration d'athéisme absolu dans Voltaire ou Diderot. Il est vrai que d'Holbach et Naigeon s'en font un titre de gloire, à défaut de celui qu'auraient pu leur procurer leurs écrits, s'ils étaient lisibles.

Le plus sage est encore un sceptique qui n'affiche point ses doctrines, témoigne de l'indulgence pour les faiblesses humaines et ne se laisse pas entraîner plus loin qu'il ne veut sur le terrain du scepticisme.

S'il se pouvait que la France tout entière proclamât l'athéisme, les hommes supérieurs redeviendraient croyants.

On peut ne pas être classé « libre penseur, » et penser librement.

Une parente qui prétend me vouloir du bien, et qui trouve que je ne m'enrichis pas, me dit : — Ne pourriez-vous pas écrire un roman de plus par an? — Madame, je fais tous mes efforts pour en écrire un de moins chaque année.

———

La même personne s'étonne de mes voyages et *calcule* ce qu'a pu me coûter un voyage en Hollande.

— Mille francs, madame.

Cri d'effroi de cette personne économe.

— Vous avez dû rapporter de bien belles choses.

— Voici, madame, ce que j'ai rapporté d'Amsterdam : la certitude que la poésie est au-dessus de la réalité.

Inquiétude de la personne qui me veut tant de bien.

— Je vais essayer de me faire comprendre, madame. Deux tableaux se font face, au musée d'Amsterdam, tous deux de dimension presque égale, tous deux représentant des sujets analogues, tous deux célèbres. L'un est un Banquet de notables de la ville par Van Der Helst, l'autre représente une Ronde de nuit par Rembrandt. Si vous regardez d'abord le banquet de Van Der Helst, vous vous écrierez que la peinture n'a produit rien de plus parfait ni de plus réel : chacune des têtes est un chef-d'œuvre de vérité. Vous connaissez ces gens-là comme vos aïeux et vous jureriez avoir vécu avec eux. J'écris sur mon carnet : Van Der Helst, grand peintre ; et je peux à peine quitter le tableau, tant il y a à regarder. Cependant il est temps de donner un coup d'œil à cette *Ronde de nuit*, si vantée qu'elle doit être au-dessous des éloges consacrés. C'est alors que les yeux se noient en pleine fantasmagorie. Toutes les juiveries de l'Europe apparaissent avec leurs guenilles et leurs broderies d'or. Cinquante personnages se coudoient au milieu de ces ombres fantastiques; ils ne forment qu'un groupe. Immobile et rêveur, vous êtes entraîné par la Ronde nocturne comme par les Willis des bords du Rhin; votre esprit, Rembrandt s'en empare, votre attention, il la commande. Le musée disparaît; une émotion singulière vous saisit. Il n'y a plus ni peinture, ni tableau, ni cadre. Vous êtes mêlé à une scène nocturne où les torches enflammées font passer des tons dorés sur chacune des figures de cette patrouille extraordinaire. Vous suivez ces gens dans les ruelles de la Venise du Nord, où de chaque fenêtre sortent des têtes de vieux Juifs s'imaginant qu'on en veut à leurs trésors. Ah! madame, quelle merveille, qu'on a de peine à s'en détacher, et comme, en quittant le musée, on s'aperçoit que Van Der Helst est froid, pauvre et mesquin en face de Rembrandt. Voilà ce que j'ai rapporté de la Hollande, la certitude de la suprématie de la poésie sur la réalité. Cette leçon m'a coûté mille francs, et véritablement elle n'est pas chère.

———

On distingue dans la famille des crapauds le crapaud

goitreux (*bufo strumosus*) et le crapaud bossu (*bufo gibbosus*). Quel *joli* morceau de poésie Baudelaire pourrait écrire sur le crapaud à pustules bleues !

———

Grand esprit que Gœthe ! Les Allemands ont imprimé déjà plus de cinquante volumes de Correspondances inédites, de Conversations intimes, de Souvenirs de ceux qui ont eu l'honneur de l'approcher, et on comprend que les lettrés ne se lassent pas de recueillir les moindres rognures de cet homme de génie.

Les Entretiens d'Eckermann avec Gœthe ne forment malheureusement que deux volumes. J'en lirais volontiers dix, tant il y entre de substance. Un passage m'a pourtant chagriné : « Il faut, dit Gœthe, posséder des sommes assez rondes pour suffire aux frais de ses études et de ses expériences. J'ai bien laissé tomber de mes mains un demi-million de ma fortune pour payer mon savoir actuel, non-seulement toute la fortune de mon père, mais aussi mon traitement et le produit considérable de mes ouvrages depuis plus de cinquante ans. En-outre, j'ai vu dépenser, pour de grandes entreprises, un million et demi par de hauts personnages avec lesquels j'étais intimement lié, et dont je partageais les démarches, les succès, les désappointements.»

Sans cet argent Gœthe n'eût pas été le grand Gœthe. Et tous ceux qui cherchent ne sont-ils pas des sortes de petits

Gœthe? Une fourmi qui traîne un brin de paille m'intéresse. Voltaire eut raison de faire fortune avant d'écrire. Tous nous écrivons avec de faibles ressources, et si le démon d'une recherche quelconque nous prend, qui paye les frais de ces études? La gêne le plus souvent et les tourmentes d'esprit qu'enfante la gêne.

Songer à vivre de sa plume est une utopie. Le public ne paye que les amuseurs : un Dumas a dépensé dix fois plus d'argent que Balzac.

Qu'importe après tout!

Il faut produire dans la mesure de ses forces, de son intelligence et de ses ressources. Tôt ou tard le public en tient compte.

———

Un jeune homme, qui se croit plein d'idées dramatiques, est venu chercher quelque encouragement près de moi. Je lui ai demandé s'il avait fait des armes? — Non, monsieur. — Eh bien, prenez des leçons d'un habile prévôt et revenez me voir dans six mois avec une pièce.

Le jeune homme ne comprenait pas. — Se faire jouer ou exposer sa vie en duel, c'est la même chose, lui disais-je. La science du théâtre actuel repose sur des principes semblables à ceux de la salle d'armes ; pour triompher du public, vous devez connaître toutes les difficultés et toutes les ressources de l'épée.

Le bon jeune homme s'en est allé, ahuri, croyant certainement que je me moquais de lui.

—

Ce voyage à pied en Normandie me prouve une fois de plus qu'il ne faut jamais quitter un roman commencé, dût le cerveau éclater de fatigue. La fièvre pousse et soutient, les idées s'enchaînent naturellement; mais quitter, reprendre, quitter encore, rend l'œuvre plus défectueuse qu'elle n'eût été, écrite d'un seul jet.

—

Le directeur d'une Revue m'a coupé cette phrase comme très-dangereuse : « M. Max Buchon, réfugié à Berne, est peut-être un de ceux qui auront le plus honorablement rempli leur exil. Hors de France, il a pensé à la France en traduisant trois écrivains que nous connaissions à peine : le poète Hebel, le romancier Gotthelf et le conteur Auerbach. Les ministres envoient quelquefois à grands frais à l'étranger des écrivains qui ne rendent pas à la littérature autant de services qu'un exilé agissant d'après sa propre conscience. »

—

Chez les musulmans, les crieurs de nuit traversent la ville en avertissant les époux de satisfaire aux devoirs conjugaux.

—

Le parfait réaliste devrait donner le portrait physique d'un individu, la description de ses habits, la taille exacte de l'homme et même son poids.

—

Il faut qu'un écrivain produise comme le pommier produit des pommes. Bons fruits et fruits gâtés : quelques-uns ne mûrissent pas, certains sont attaqués par les vers. La récolte peut manquer une année, etc. Il s'agit d'étudier si on est un pommier, et ne pas chercher à faire pousser des raisins là où la nature n'a voulu produire que des pommes. Le pommier ne s'inquiète pas des plaintes des passants à propos de quelques fruits qui ne sont pas venus, etc. (Thème à développer en préface.)

—

Un critique parle du « sans-façon de la nature. » C'est traiter la nature bien sans façon !

—

L'Envieux et l'Envié des *Mille et une Nuits* renferme un épisode très-curieux par son développement. C'est comme un traité de rhétorique. On y apprend à se servir d'une idée, à la retourner sous toutes ses formes et à la pousser à bout.

La princesse Dame de Beauté, qui a quelques notions de magie, entreprend de se défendre contre un mauvais enchanteur qui se présente à elle sous la forme d'un énorme lion. Le lion s'avance vers la princesse pour la dévorer ; mais celle-ci s'arrache un cheveu et le change en glaive à l'aide duquel elle coupe le lion en deux :

« Les deux parties du lion disparurent, et il ne resta que la tête, qui, se changea en un gros scorpion. Aussitôt la princesse se changea en un serpent et livra un rude combat au scorpion, qui n'ayant pas l'avantage, prit la forme d'un aigle et s'envola ; mais le serpent prit alors celle d'un aigle noir plus puissant et le poursuivit.

» Quelque temps après qu'ils eurent disparu, la terre s'entr'ouvrit, et il en sortit un chat noir et blanc, dont le poil était tout hérissé et qui miaulait d'une manière effrayante. Un loup noir le suivit de près et ne lui donna aucun relâche. Le chat, trop pressé, se changea en un ver et se trouva près d'une grenade tombée par hasard d'un grenadier qui était planté sur le bord d'un canal assez profond, mais peu large. Ce ver perça la grenade en un instant et s'y cacha. La grenade alors s'enfla et devint grosse comme une citrouille et s'éleva sur le toit de la galerie d'où, après avoir fait quelques tours en roulant, elle tomba dans la cour et se rompit en plusieurs morceaux.

» Le loup qui, pendant ce temps-là, s'était transformé en coq, se jeta sur les grains de la grenade et se mit à les avaler l'un après l'autre. Lorsqu'il n'en vit plus, il vint à nous les ailes étendues, en faisant un grand bruit, comme pour chercher s'il n'y avait plus de grains. Il en restait un sur le bord du canal, dont il s'aperçut en se retournant. Il y courut vite ; mais dans le moment qu'il allait porter le bec dessus, le grain roula dans le canal et se changea en petit poisson.

» Le coq se jeta dans le canal et se changea en un brochet qui poursuivit le petit poisson. Il furent l'un et l'autre deux heures entières sous l'eau, lorsqu'on entendit des cris horribles à faire frémir. Peu de temps après, on vit le génie et la princesse tout en feu. Ils se lancèrent l'un contre l'autre des flammes par la bouche, jusqu'à ce qu'ils vinrent à se prendre corps à corps. Alors les deux feux s'augmentèrent et jetèrent une fumée épaisse et enflammée qui s'éleva fort haut. »

Quelle merveille d'imagination !

—

Quand on aime l'œuvre d'un homme, on aime l'homme. La biographie est faite pour amener aux poètes des amis nouveaux.

—

Un humoriste a dit que si Dieu faisait publier dans tous les coins du monde que le 1er janvier, de midi à une heure, il sonnera ses cloches et laissera entrer dans le ciel tous ceux qui arriveront à temps, mais qu'à une heure précise il fermera les portes pour toute l'éternité, une immense quantité de femmes arriveraient trop tard et, le soir même, ne seraient pas encore prêtes.

—

En mars et avril, j'ai à terminer bien des travaux. Corriger le volume des *Bourgeois de Molinchart*. — Notes pour servir à la biographie de Gérard. — Balzac mprimeur, poète, journaliste. — Étude sur Le Nain. — Complément à La Tour. — Aller à Laon. Que de besogne après une fièvre typhoïde ! mais j'ai tant besoin d'argent.

J'oubliais le plus important : la féerie. Et la critique du dernier livre d'un certain Barbey d'Aurevilly !

———

Singulier théâtre que celui d'aujourd'hui. Théâtre amer où on ne châtie pas les mœurs et où on ne rit pas du tout. Les auteurs de second ordre du XVIIIe siècle avaient de la finesse, de l'esprit, de la bonne humeur ; actuellement la brutalité suffit. Les filles représentant la meilleure société, la plupart des auteurs dramatiques écrivent pour les filles, durement et cyniquement.

Dans ces sortes de pièces, un héros, un moraliste bourgeois, un *vengeur*, cravache les femmes de sa parole et les cingle de mots cruels. Ce n'est, après tout, qu'un impudent personnage, une sorte de Timon de table d'hôte du faubourg Montmartre, et les filles qui s'y réunissent pour jouer, après dîner, quelques francs au lansquenet commenceraient par mettre ce diseur de vérités à la porte s'il les traitait ainsi en face.

On éprouve le besoin en sortant de voir jouer *le Philosophe sans le savoir*.

———

Ces pensées de Joubert sont excellentes :

« Être naturel dans les arts, c'est être sincère. »

« Une des causes principales de la corruption et de la dégradation de la poésie est que les vers n'aient pas été faits pour être chantés. »

« Défiez-vous des piperies du style. »

« Les livres, les pensées et le style modérés font sur l'esprit le bon effet qu'un visage calme fait sur nos yeux et nos humeurs. »

« L'affectation tient surtout aux mots ; la prétention, à la vanité de l'écrivain. Par l'une, l'auteur semble dire : *Je veux être clair* ou *je veux être exact,* et il ne déplaît pas ; il semble dire par l'autre : *Je veux briller,* et on le siffle. »

« Quand on écrit avec facilité, on croit toujours avoir plus de talent qu'on n'en a. Pour bien écrire, il faut une facilité naturelle et une difficulté acquise. »

« Quelle est cette folie de recommencer la vie après la mort ! Quoi ! il n'y a donc pas de repos à espérer pour l'homme, si son âme dans les cieux, si son ombre dans les enfers conservent toujours le sentiment ! » (Pline l'Ancien.)

Une demoiselle *Gentil* devait épouser un monsieur *Levillain* : sa sœur la raillait à cause du nom de son prétendu. — Prends garde, lui dit la future mariée, de porter plus tard un nom plus désagréable que celui de mon mari.

Quelque temps après, la cadette des demoiselles *Gentil* épousa un banquier appelé *Lehideux*.

Le hasard est farceur ! Mais ce n'est qu'une curiosité, et la réalité n'est pas là.

—

N'est-il pas dangereux d'afficher à la porte d'une œuvre ce qui se trouve à l'intérieur? Je me le demande en retournant sous toutes ses faces une question physiologique curieuse : *Comment pousse un homme de génie ?* Ou plutôt : avec quelles difficultés la nature crée un esprit destiné à agir sur d'autres esprits ?

J'ai été à même de constater dans trois familles différentes, par divers exemples qui tous donnaient le même résultat, que l'homme de talent ou de génie est le *summum* d'un groupe dont les autres membres incomplets, mal venus, inachevés (au moral) semblent démontrer que la nature s'est reprise à plusieurs fois avant de parfaire son ouvrage. Pour arriver à l'*homo*, elle crée d'abord plusieurs *homunculus*.

Malheur alors aux autres membres de cette famille : les frères et sœurs de l'homme de génie ont tous reçu des germes de génie qui, n'ayant pu se développer, les tourmenteront toute leur vie. Ce sont des oiseaux venus au monde sans ailes. Un seul être de la famille a tout pris, vole en liberté, et avec tristesse ses frères et sœurs le regardent planer dans les airs.

Telle est la base d'un roman que j'écrirai cet hiver tranquillement; mais il n'est pas bon que le public se doute des dessous ; ils effrayeraient trop de lecteurs. Il faut enterrer l'idée sous une série d'observations plus ou moins amusantes.

—

M. Crémieux racontait à une table de whist une anecdote politique significative.

Lorsqu'il fut question du fameux banquet démocratique, quelques jours avant la chute de Louis-Philippe, un orateur de l'opposition fort connu, M. X..., hésitait à cause du danger. Ses amis le prêchaient; on avait besoin de noms ; mais l'intrépide orateur ne se décidait pas à se mêler aux citoyens, que pendant dix ans il avait poussés à la révolte.

Enfin, ne pouvant décemment invoquer un rhume : — Oui, dit-il, nous irons au banquet; mais la police sera prévenue. Un municipal nous prendra par le bouton de l'habit, cela sera arrangé avec le préfet, et nous reviendrons tranquillement chez nous...

—

Le roman de la *Mascarade* avance lentement. Je le trouve bien hardi : qui le publiera ? Il y a maintenant près de deux ans que je le porte en moi avec mille inquiétudes. Plus le dénoûment approche, plus je sens les difficultés s'amonceler. Il faut arriver vite au chapitre 30 avant de me reposer ; alors peut-être commencerais-je à voir plus clair.

—

« Non-seulement Cervantes précède Pinel dans le traitement moral de la folie, mais encore Broussais lui-même dans cette doctrine qui a fait tant de prosélytes en Europe; car Cervantes établit que « l'estomac est le laboratoire où se fabrique la santé », et par ce mot du fou de Séville, il fait voir qu'il connaissait les rapports qui existent entre ce viscère et les altérations du jugement. » (*Etude médico-psychologique sur l'histoire de Don Quichotte,* par le Dr Morejon.)

Le docteur Baillarger, à qui je parlais de cette étude pendant une visite à la Salpêtrière, ajoute que Cervantes, qui a donné le portrait d'une sorte d'idiote dans la Maritorne, *lui aplatit le derrière du crâne* et précise ses observations aussi nettement qu'un aliéniste moderne.

—

Un aubergiste sert à deux paysans du café fait par erreur avec du tabac à priser. On s'imagine la grimace des paysans, qui crachent leurs poumons.

— Ah ! s'écrie la cuisinière, je me suis trompée, c'est du tabac à priser.

—Peuh ! dit un des paysans qui avait mis huit morceaux

de sucre dans son infusion de tabac, puisque le café est sucré, il faut qu'il y passe.

—

Ils sont quatre ou cinq, qui, dit-on, se réunissent autour d'une estrade gothique, pendant que l'un d'eux lit dévotement, à haute voix, un chapitre du marquis de Sade.

Il faut les laisser faire. Ce sont des admirateurs de Petrus Borel. Des bourgeois qui prêcheraient une telle lecture, devraient être renfermés à Bicêtre comme l'horrible homme qu'ils adorent; mais on peut passer cet enfantillage à des êtres naïfs et le regarder comme sans conséquence.

L'étrange, l'horrible, le sanglant sont leurs seuls principes de morale. Ils ne voient rien au delà; prendre à tâche de les tirer de cette démence serait inutile.

Tout à coup se lève un homme inspiré par les événements, qui ne s'inquiète guère de *sadisme* et s'écrie :

Allons, enfants de la patrie !

Voilà le véritable poète.

—

Sainte-Beuve a encore une fois bien jugé La Bruyère, et sa conclusion est excellente :

« A prendre l'ouvrage dans sa forme définitive, tel qu'il était déjà à partir de la cinquième édition, c'est, je l'ai dit, un des livres les plus substantiels, les plus consommés que l'on ait, et qu'on peut toujours relire sans jamais l'épuiser, un de ceux qui honorent le plus le génie de la nation qui les a produits. Il n'en est pas de plus propre à faire respecter l'esprit français à l'étranger (ce qui n'est pas également vrai de tous nos chefs-d'œuvre domestiques), et en même temps il y a profit pour chacun de l'avoir, soir et matin, sur sa table de nuit. Peu à la fois et souvent, suivez la prescription, et vous vous en trouverez bien pour le régime de l'esprit. »

J'ai relu en manuscrit les *Enfants du professeur Turck*. Ce n'est qu'une esquisse : à la place d'une nouvelle, je devrais en faire un roman très-amusant, *pour moi*, et qui n'aurait rien à démêler avec les journaux ou les revues; mais il faut de grosses études anthropologiques, étudier les amours des animaux et la génération spontanée. Ce serait long. Chaque détail prête au comique. Aristote prétendait que la plus grande fréquence des difformités de l'espèce humaine tient à l'insouciance avec laquelle nous accomplissons l'acte de la génération.

Robert, l'auteur de la *Mégalanthropogénésie*, croyait que l'homme qui a le cerveau plein de grands projets est particulièrement apte à produire un enfant parfait : ainsi le général, la veille d'une grande bataille, le poëte composant et même le danseur.

« Je suis persuadé, écrivait Robert sous la Restauration, que si Vestris s'acquittait de ses devoirs conjugaux après le ballet de *Télémaque* ou de *Psyché*, il ne pourrait manquer d'engendrer un fils digne de lui, surtout ayant épousé une nouvelle Terpsichore. »

Un autre réformateur, M. Bernard Moulin, prétend que « les enfants sont, à l'état physique, moral et intellectuel, la photographie vivante de leurs parents générateurs, prise au moment de la conception. »

Pour obtenir un enfant musicien, voici la recette : « Tous les maîtres de musique n'ont pas des rejetons musiciens ; il en serait autrement s'ils voulaient, au moment décisif, fredonner avec attention une cantate qui agite les fibres. Nous leur prédisons un succès complet ; car en chargeant ainsi le fluide vital reproducteur, l'organe musical se photographiera vivant et magique dans le rejeton. Il n'y aura pas de déperdition de fluide ; en d'autres termes, l'enfant naîtra musicien. »

Ce fredonnement, la première nuit des noces, aurait pour résultat d'étonner profondément une mariée qui ne serait pas au courant du système de son époux.

—

Il y a pourtant dans l'ordre des choses les plus naturelles quelque chose de mystérieux qui est surprenant.

Depuis sept mois, j'ai rompu avec *elle*. Ce matin, sa pensée me poursuivait. Si je la rencontrais!

A deux heures je me suis trouvé en face d'elle sur le boulevard. Tressaillant et pâlissant, je n'ai pas eu le courage de la saluer. Elle a passé son chemin.

J'allais rentrer chez moi tristement, lorsque la grêle m'a forcé de me réfugier sous une porte cochère. Encore une fois, je l'ai trouvée sous cette même porte, une demi-heure après l'avoir rencontrée. Singulier hasard ! Mes tempes battaient, mes yeux voyaient à peine, je me suis tourné d'un autre côté. Que j'aurais voulu lui parler, mais je n'osais !

Enfin, j'ai eu la force de m'enfuir.

—

« Regarde le front d'un homme pour savoir ce qu'il deviendra, regarde sa bouche à l'état de repos pour savoir ce qu'il est devenu. » (Proverbe chinois.)

—

Les paysans ont des mots charmants. Je me promenais à la campagne avec une femme dont l'enfant était pâle et chétif ; nous rencontrons dans les bras de sa mère un petit bonhomme gros et rouge qui rendait jalouse la Parisienne.

— Comme votre enfant est bien portant, dit-elle à la paysanne.

— Oh ! madame, le vôtre est d'une *pâte* plus fine.

—

Quelle jouissance de faire mouvoir des personnages de romans et comme ils font oublier les peines qu'on a eu à les caser dans sa tête ! On vit de la vie de tous ses personnages, on s'amuse avec eux, avec eux on souffre. Ces pantins ne sont pas vrais, on ne les en aime pas moins comme des enfants. Rien n'est comparable aux joies qu'ils procurent.

Il se rencontre cependant de larges fossés que tout ce petit monde de personnages doit enjamber, et on hésite avant de leur faire prendre l'élan. Ou bien ils sont acculés dans des impasses d'où il faut les tirer avec autant de difficulté que des animaux effarés par l'incendie. Cela demande de grands efforts et rend soucieux. Mais aussi quand la bande a franchi le fossé, quand elle quitte son impasse, comme on est heureux !

Non, il n'est pas de besogne plus attrayante que celle du romancier, et ni le savant, ni l'érudit, ni le philosophe ne connaissent ces joies.

—

J'ai peu fréquenté Béranger, quoiqu'il m'eût souvent invité à aller le voir; la vie parisienne est si pleine d'imprévu qu'on oublie les choses importantes pour s'arrêter souvent aux frivoles.

En 1849, Béranger se faisait vieux, et dépouillé d'illusions, en arrivait à une sorte de négation des œuvres modernes. Suivant le chansonnier, la littérature s'arrêtait au dix-huitième siècle. Etait-ce une idée réconfortante pour un pauvre garçon qui a besoin de tant d'illusions dans la vie littéraire? Ne parlait-on pas ainsi, du temps de Voltaire, du siècle précédent? En voulant encourager les jeunes gens, Béranger, sans s'en douter, jouait quelquefois le rôle d'un « décourageateur. »

Esprit pratique, Béranger m'irritait par ses questions de pot-au-feu. La littérature, disait-il, doit être une jouissance et non un métier. Mais où se trouve l'emploi qui n'enlève ni faculté d'observer ni indépendance? Béranger le prêchait à tous ses amis, avouant toutefois qu'il n'avait aucun crédit pour l'avoir dépensé depuis longtemps, et ce bienveillant donneur de conseils, pour toute conclusion, ouvrait sa bourse à certaines âmes fières qu'il mettait en fuite.

Sa *Correspondance* nous le montre ainsi, se plaisant aux affaires des autres, toujours prêt à donner son temps, son argent, s'amusant surtout du manége des écureuils qui tournent dans la cage de la politique.

Il y a du Franklin dans Béranger, avec un fonds particulier de scepticisme malicieux. Philosophant au coin de son feu, entouré de quelques amis, se sentant impropre aux affaires publiques, le poète se moquait finement avec celui qui entrait de l'homme glorieux qui sortait.

Il ne voulut pas être de l'Académie, et plus d'une élection académique fut préparée près de son foyer. C'était de la coquetterie.

« J'ai voulu devenir le premier dans la chanson, » est une phrase que je lui ai entendu répéter souvent.

Le poète n'échappait pas, on le voit, aux glorioles dont se nourrissent tant d'hommes qui dépensent leur vie au service d'une idée ; mais il faut étudier de près ces natures baptisées par la fée Ironie. Se moquant des hommes, ils aiment les hommes. Ils percent en souriant ces ballons gonflés d'ambition, et gémiraient s'ils croyaient que leurs piqûres d'épingle laissent trace. La petitesse des sentiments humains leur fait pitié ; ils en rient de peur d'en pleurer, et n'en sont pas moins toujours prêts à venir en aide au malheur.

Béranger sut se montrer à la hauteur des grandes infortunes. Sa *Correspondance* en fait foi ; mais il faudrait en donner un choix plus restreint. Quelques lettres saines et fortifiantes sont d'un véritable moraliste ; malgré son scepticisme, Béranger ne transigea pas, et le zèle affectueux qu'il déploya pour relever le pauvre Rouget de l'Isle et d'autres abattus par la misère, prouve que le poète mettait en action les principes de charité et d'humanité qui ont fait la durée de son œuvre.

—

Copié au cabinet de lecture quelques phrases lumineuses et transparentes :

Dans la *Revue germanique* : « Jupiter et Junon, la voûte céleste et l'atmosphère, finissent toujours en Grèce par se réconcilier, et il est alors impossible de surpasser le calme et la paix, la joie, et la clarté pure, qui viennent charmer le monde, lorsque, sous l'azur du ciel hellénique, l'air diaphane, embaumé, sourit aux baies, aux plaines, aux montagnes, inondées de lumière et rayonnantes de bonheur. » (Albert Réville, *les Dieux de la Grèce antique*.)

Dans la *Revue des Deux-Mondes* : « Son âme n'est pas noyée et relâchée par l'ennui, elle se montre pleine de fine élasticité, bondissante et alerte, volontiers distraite, étourdie même à l'occasion. » (Emile Montégut.)

Dans les *Lettres de Maurice de Guérin* : « Se sentir à la fois fleur, verdure, oiseau, chant, fraîcheur, élasticité, volupté, sérénité. »

—

Chose singulière, le roman si décrié tente certains hommes au pouvoir qui veulent goûter aux fruits de la réputation; mais la faculté d'observer ne se donne pas au premier venu. Le roman d'un pauvre garçon soufflant dans ses doigts pour apaiser le froid qui se glisse à travers les tuiles, restera dans la mémoire de tous, grâce à l'accent de la sincérité, quand le livre d'un M. Mocquart, confident de l'Empereur, passe inaperçu du public malgré les annonces, les réclames et les articles de complaisance.

Ce n'est rien que de fournir cinq minutes de conversation au « tout Paris » du boulevard. Il s'agit de remuer la

France, l'Europe entière. Combien d'écrivains qui, pour faire parler d'eux dans un salon, s'imaginent avoir fait un livre? Qu'ils prennent l'omnibus et s'arrêtent à Passy; déjà est éteinte cette brillante réputation qui n'a pu franchir les murs des fortifications de Paris.

Répondre aux sentiments communs des diverses nations, faire vibrer le cœur d'un Russe, amener le rire sur les lèvres d'un Anglais, être compris par une duchesse ou sa femme de chambre, fraterniser avec des habitants d'un pays dont les institutions et les mœurs sont différentes, faire comprendre *Manon Lescaut* dans la patrie du Dante, *Paul et Virginie* dans le pays de Cervantes, voilà ce qui déroute les écrivains-amateurs, qui, la plume en main, se préoccupent du ton de tel salon. Peut-être ils ont vécu, peut-être aimé, peut-être souffert; mais *leur monde* les a forcés à voiler cet amour et ces souffrances. Ils n'osent pas déchirer le voile; toutes sortes de sentiments factices les garrottent. Ils recherchent l'assentiment d'une femme qui donne le ton à un petit cénacle, et ne savent pas que le public, c'est l'homme fatigué de porter son masque qui, rentré chez lui, veut se trouver en face de sincérités, c'est le bourgeois, c'est le grand seigneur, c'est l'étudiant, c'est sa maîtresse, c'est l'ouvrier.

Voilà les cœurs à la porte desquels il faut frapper. Ils ont diverses enveloppes, ils battent tous de même. Le roman ne s'adresse pas à des grands et à des petits, à des nobles et à des vilains. Il faut émouvoir celui qui aime, celle qui aimera, ceux qui ont aimé.

—

« Attends-toi à périr quand on te dira que tu es parfait, et prépare-toi à la joie lorsque l'adversité te fera sentir ce qu'elle a de plus rigoureux. » (*Proverbe persan.*)

—

Que de temps passé à revoir mes œuvres anciennes pour en enlever les négligences et les longueurs ! Mes livres, quand je les revois à distance, ressemblent à de vieilles villes dans lesquelles une bonne administration fait des percées pour les assainir, leur donner du jour et de la lumière. Le fond, je n'y change rien ; l'idée qui me guidait à telle époque, je la conserve bonne ou mauvaise : elle est l'image de l'état de mon esprit à telle date ; j'agis vis-à-vis de l'idée en ménagère économe qui, sans cesse, raccommode les hardes de ses enfants et ne peut pourtant empêcher qu'un jour ces vêtements ne se changent en loques.

Tout livre que j'ai publié dans une revue ou un journal n'a été pour moi qu'une sorte de première *épreuve*. Il est sans doute fâcheux que le public assiste à une sorte de *répétition ;* mais je n'ai pas assez de fortune pour avoir à mon service un esprit sensé et un homme de goût.

—

Balzac, préoccupé du désir de paraître sans taches en public, se rendit un jour aux raisons de Planche, qui, déjà critique dans sa jeunesse, reprochait au romancier de nombreuses fautes de diverse nature. Balzac fait donc passer à son ami les épreuves d'une nouvelle œuvre.

— Il aurait fallu tout refaire, me disait Gustave Planche ; je renvoyai à Balzac les épreuves en lui disant que six mois de travail n'y suffiraient pas.

Sans s'en douter, Planche, qui me contait cette anecdote, prouvait qu'on ne change pas la nature d'un homme. S'il est puissant, il devient son propre critique, ne s'endort pas sur l'oreiller du succès et toujours porte en lui un juge qui rend des arrêts plus sévères que ceux des journaux. La nature d'un esprit robuste étant d'être en perpétuelle évolution, le développement amène avec lui de fertiles enseignements.

—

Un homme, dans un salon, faisait des compliments à une femme sotte et laide:

— Les coiffeurs, dit-il à quelqu'un qui s'étonnait de ces gracieusetés, commencent à friser des perruques sur des têtes de bois.

—

On a dit souvent que le mot de *réalisme* fut jeté

en avant par moi. Que ceux qui croient imposer un mot à toute une nation pendant dix ans l'essayent; qu'ils fassent qu'à la même heure ce mot soit répété en chaire, à la tribune, qu'ils tâchent de le faire inscrire dans le dictionnaire des lettres, des arts et des sciences. Ce serait le symptôme d'une force que, pour ma part, je regrette de ne pas posséder.

Qu'on pense à un pauvre garçon ignorant, je l'ai dit assez, sans fortune, je ne crains pas de l'avouer, sans ambition, ma vie le prouve, timide et froid, n'allant jamais au-devant des gens, insouciant et indépendant, qui, à l'époque où le mot prit racine, passait sa vie dans les bibliothèques, voyait quelques rares amis, fréquentait à peine le monde, vivait absorbé par ses travaux et était obligé de se créer une éducation en même temps qu'il lui fallait subvenir aux besoins de la vie.

Voilà un fameux chef d'école !

Me vit-on jamais chercher des partisans, leur imposer tyranniquement des doctrines quelconques ? Ne faut-il pas une grosse fortune pour se créer des alliés et les dîners ne servent-ils pas mieux qu'un prêche à recruter des défenseurs ?

J'ai souvent ri de la crédulité publique.

—

Les grands palais carrés, les longues avenues qui sillonnent Paris, les hôtels américains qui remplacent un quartier, les cafés dorés qui tiennent toute une rue répondent peut-être à des besoins ; mais le compas, la règle, l'équerre, les lignes droites et les angles carrés ne sauraient satisfaire les rêveurs.

Que deviennent les rêveurs à New-York ?

—

Conversation avec Proudhon. — Je l'avais surpris la veille chez lui, à table, avec sa femme et ses enfants, autour d'une énorme soupière où nageaient quelques lentilles ; il préparait le livre de *la Justice dans la Révolution* et m'avait fait demander si je pouvais lui donner une note de lectures pour étudier la littérature moderne. Proudhon ne connaît rien des œuvres d'imagination ; et voilà ce qui me tracassait pendant ma promenade avec lui dans le jardin du Luxembourg. Les arts et les lettres lui sont étrangers absolument. Comment un homme peut-il espérer en quelques mois avoir une idée de la littérature moderne ? Proudhon a passé l'âge où ces œuvres répondent à des sensations intérieures ; je vois bien que l'homme ne demande pas mieux que de connaître, quoique toute œuvre passionnée il la juge avec un parti pris.

Paul-Louis Courier et Béranger reviennent sans cesse dans sa conversation. Ils ont accompli une œuvre de démolition sous la Restauration ; cela suffit au violent démolisseur.

Sans doute Paul-Louis et Béranger ont été utiles ; mais qu'ils soient *tout* dans la littérature contemporaine, cette opinion me choque.

Voyant qu'il est impossible d'amener Proudhon à admettre qu'il existe de grands poètes, de grands romanciers et de grands auteurs dramatiques en dehors de Paul-Louis et Béranger : — Que pensez-vous, lui ai-je demandé, de *Roméo ?* — Quel Roméo ? — *Roméo et Juliette.* — Ah ! ah ! — Enfin ? Ma question rendait Proudhon inquiet.

Ce sauvage ne se doute pas de l'*amour*. Une femme est bonne à faire des enfants, à garder le ménage, etc. Proudhon, en plein Paris, est resté de la Franche-Comté, un pays où, dans les villages, les femmes servent à table et ne s'asseyent que quand les hommes sont partis.

Je me doutais bien que ma question le gênerait. — Roméo, c'est l'amour, ai-je dit au sophiste en le quittant ; ne croyez-vous pas que Shakespeare, en peignant l'amour, a rendu plus de services à l'humanité que Paul-Louis en contribuant à renverser la Restauration ?

Singulier personnage que Proudhon : je l'ai beaucoup regardé pendant cette promenade. *Il a le crâne mal construit.* D'où la sincérité relative de ses paradoxes au fond desquels se cache un grand orgueil ; mais le petit nez, une sorte de conformation simiesque du crâne prouvent un cerveau mal équilibré. Détail non moins important. Proudhon *met ses lunettes à l'envers*. Tout s'enchaîne, les opinions et les lunettes.

—

Les gens du peuple ont sur toutes choses des aperçus piquants. Une vieille statue de saint Maclou a été placée sous le portail de l'église de Conflans-Sainte-Honorine. — Quand les gens sont vieux, me disait une paysanne, on les met à la porte.

—

Courbet s'est imaginé de faire l'éducation artistique de Proudhon, et le début a été la visite à l'atelier du peintre Chenavard, en train de méditer sur le bref de l'archevêque de Paris, qui condamne les tendances de ses décorations humanitaires destinées à orner le Panthéon. Une séance curieuse : deux grands liseurs s'escrimant sur l'histoire et la symbolique dans l'art. Proudhon, à cheval sur les événements historiques, semblait quelque peu dérouté par les tendances palingénésiques de Chenavard. Un tableau représente l'incendie de la bibliothèque d'Alexandrie, par Omar. Proudhon a dit : — « On sait, par les découvertes récentes, qu'Omar n'a pas brûlé la bibliothèque d'Alexandrie. » Mais quoique la vérité historique fût parfois accrochée par le peintre, Proudhon se plaisait à discuter avec un artiste érudit qui remue de grands événements et de grands personnages.

La conclusion de cette entrevue est à noter. En sortant, Proudhon dit à Chenavard : — Vos *peintures* m'ont intéressé; au moins, je ne suis pas tracassé par la *couleur.*

Je le crois bien : ces cartons sont des grisailles.

———

Un moment, sous la République, j'ai cru aux idées de Proudhon; j'en ai fait mon *mea culpa* il y a longtemps.

Avec sa fameuse *Banque d'échanges*, l'économiste n'a pas même trouvé moyen d'échanger des saucisses contre des pommes de terre.

Il crie : *Dieu, c'est le mal!* mais les athées du dix-huitième siècle, d'Holbach, Sylvain Maréchal, avaient crié cette phrase avant lui et plus haut que lui.

Il reste donc à l'avoir de Proudhon la fameuse formule : *La propriété, c'est le vol,* une phrase qui l'a fait coucher plus d'une nuit en prison.

Qu'il est regrettable que les membres du parquet qui remplissent l'office d'accusateur public ne soient pas plus lettrés! Il eût été si facile de souffler sur les paradoxes du rhéteur et, pièces en main, de lui prouver qu'il n'était pas même inventeur de la formule en question.

Un montagnard, que Brissot ne nomme pas, disait de

la Constitution de 1793 : « Admirable conception, purgée des sophismes des hommes d'État, mais qui contient un désastreux article, celui qui consacre le droit de propriété parmi les citoyens. »

Voilà pour l'idée ; Proudhon ne s'en est pas contenté, il lui a fallu l'enveloppe.

Dans ses *Mémoires*, Brissot écrit que, jeune encore, il avait composé un mémoire basé sur ce thème : *La propriété est un vol.* Or, Proudhon, qui ignore tout en littérature, est nourri de la plupart des ouvrages ayant trait à la Révolution, et il a fait un léger *emprunt* à Brissot.

On comprend facilement, à la lecture de cette petite révélation, que Proudhon ait été toute sa vie si opposé aux écrivains créateurs, ces gens moins utiles, suivant lui, qu'un batelier qui traverse le Rhône, et qui pourtant ont l'utilité de rendre à Brissot ce qui semblait appartenir à Proudhon.

—

Les mêmes natures que Veuillot et Proudhon. Tous deux enfants du peuple, ayant conservé une sorte de race dans leur encolure.

Ils me font penser à ces anciens conducteurs de diligence qui, en entrant dans une petite ville, faisaient un tapage considérable avec leurs fouets. Mieux encore : ne ressemblent-ils pas au brutal charretier *pas méchant,* qui se donne le plaisir de renverser sur la route les voitures légères qui passent ?

La tête de Veuillot est plus harmonique que celle de Proudhon : aussi Veuillot a-t-il plus de logique. Tous deux ont les mêmes dadas. L'un ne voit dans la littérature que Paul-Louis Courier et Béranger, l'autre de Maistre et Bonald. Tous deux nient la passion. Si pourtant M. Veuillot, dans sa jeunesse, avait trouvé au bout de sa plume une belle ode ou un beau roman (et il les a assez cherchés), Bonald et de Maistre, les violences inutiles et les blasphèmes littéraires ne reparaîtraient pas si fréquemment sous la plume de ce terrible défenseur de l'autel.

Proudhon et Veuillot ne sont que deux critiques. Dans dix ans, ce qu'on appelle les beaux *morceaux* de ces deux négateurs seront perdus et oubliés; il naîtra d'autres Veuillot et d'autres Proudhon. Que m'importent les sobriquets salés avec lesquels M. Veuillot accable de pauvres adversaires? Du côté de l'abondance des injures de halle, les prédicateurs de la Ligue sont plus riches que le rédacteur de l'*Univers*.

Et déjà ceux qui lisent ces lignes savent-ils ce que fut l'*Univers* ?

—

Un jour je me rencontrai avec M. Veuillot. Naturellement on parla de littérature : le rédacteur de l'*Univers* en est littéralement « pourri. » Ce qu'il lit de petits journaux est considérable ; il y attache même une certaine importance, car il veut se rendre compte des jeunes gens qui poussent à qui il est utile de faire la cour. Mes compagnons de jeunesse furent mis sur le tapis : Mürger, Théodore de Banville. Par politesse M. Veuillot daigna me dire « que j'étais un peu moins gangrené que les autres. » De là il partit pour me faire toucher du doigt le nombre considérable de lecteurs que je perdais par ma faute, combien de familles devaient écarter de leur intérieur les *Aventures de Mademoiselle Mariette,* etc.

J'écoute volontiers les donneurs de conseils, portant sous mes habits une toile cirée sur laquelle glisse tout ce qui me paraît excessif ou dangereux. M. Veuillot voudrait faire de moi un bon petit romancier en chocolat, agréable à sucer pour les dévotes; mais que devient le chocolat ensuite, voilà ce que M. Veuillot me cachait soigneusement.

Combien était meilleur le conseil qui me fut donné dans ma jeunesse par un homme peu susceptible d'être accusé de doctrines subversives, M. Cuvillier-Fleury. — Mon éducation, mes études, me disait-il, ne me poussent pas dans votre courant d'idées. Il y a beaucoup à dire sur votre premier livre. Je ne vous cacherai même pas que je le trouve choquant par certains endroits. Malgré tout, n'écoutez que votre sentiment; prenez garde d'adoucir vos angles et tâchez de rester vous-même dans votre saveur de pomme verte.

Ces paroles, je les entends gronder à l'intérieur quand les Veuillot m'assomment de leurs conseils intéressés.

—

Le véritable Théâtre-Français est au Palais-Royal, à l'opposé de celui où on joue Molière, par tradition. Molière doit souvent s'ennuyer dans ce bâtiment qu'on appelle « sa maison. » Rarement un essai de comédie moderne est tenté dans cet endroit, très-respectable d'ailleurs. Des drames à la La Chaussée, d'honnêtes déclamations sur le luxe et l'argent, de petits proverbes marivaudés, si correctement joués qu'ils soient, ne constituent pas un théâtre gai.

A l'autre bout de la galerie éclate la joie. D'excellents comédiens qui n'ont pas reçu l'enseignement du Conservatoire consentent à passer pour des bouffons. Des écrivains qui ont le sens du moderne et de la gaîté donnent une fois par an une comédie, vive, amusante et sans prétentions. Ces « vaudevillistes » n'étant ni ennuyeux, ni pédants, sont d'habitude peu considérés.

—

Franklin dit qu'un homme non marié ressemble à une moitié de ciseaux qui ne peut rien faire sans son autre moitié.

—

Le temps n'est plus où de pauvres diables en souquenille, le pantalon effiloché traînant dans la boue, descendaient des hauteurs du quartier Saint-Jacques pour assister à l'ouverture des portes de la Bibliothèque. Ces Chodruc-Duclos de l'érudition, on en rencontrait encore, il y a une vingtaine d'années, les uns gras et crasseux comme des moines, le nez supportant de grandes lunettes de comédie dont les verres ne semblaient ni assez larges ni assez perçants pour déchiffrer des manuscrits ; d'autres, longs, hâves et maigres, promenant un pâle regard sur des amas de livres dont ils s'entouraient, semblaient, dans leur décharnement, des saint Bonaventure sortis de leur tombeau pour écrire leurs mémoires.

Le nouvel aménagement des salles de la rue de Richelieu a écarté ces excentriques, comme les quartiers neufs éloignent les misérables, et ce n'est guère qu'à la bibliothèque Sainte-Geneviève qu'on retrouve quelques types de ces enragés lecteurs.

Pour de tels maniaques poursuivis par une idée fixe et achevant de se détraquer le cerveau avec les écrits du passé, la profession de « lecteur » était des plus insalubres ; un petit pain qu'ils grignotaient dans le courant de la journée, une jatte d'eau qu'ils buvaient à l'écuelle de fer attachée par une chaîne au mur de l'ancienne Bibliothèque, pouvaient émouvoir le cœur d'Antonio Watripon, qui se crut jusqu'à sa mort le dernier représentant des « escholiers » du moyen âge ; mais aujourd'hui que les mœurs et coutumes ont changé comme par enchantement, les érudits et les travailleurs n'auraient-ils pas droit, dans l'intérieur de l'établissement, à une buvette, dût-on n'y débiter que du bouillon ? Six heures d'études dépensées au service de la science méritaient, de la part de l'administration de la Bibliothèque, alors qu'elle était en reconstruction, un coin quelconque où lecteurs et employés auraient repris quelques forces : cet oubli n'est rien auprès d'autres réformes plus importantes.

La décoration de la grande salle de lecture soulève de nombreuses critiques : il faut pourtant louer l'architecte qui a profité de vastes ronds-points inoccupés pour les recouvrir de fresques représentant de verts feuillages. Ces verdures sont excellentes pour les yeux, et le travailleur qui s'arrête dans sa besogne pour chercher une idée, repose ses regards sur des touffes de vert discret comme il s'en voit dans les anciennes tapisseries. Si de semblables motifs avaient été répétés dans plus d'endroits, l'effet serait tout à fait satisfaisant.

Je ne peux regarder ces feuillages peints sans penser aux jardins d'Academus. Combien les anciens nous étaient supérieurs, et comme ils comprenaient que l'exercice de l'intelligence ne doit pas nuire aux fonctions du corps! C'était à l'ombre que conversaient les rhéteurs; retirés dans quelque bocage, les philosophes inscrivaient sur des tablettes leurs pensées activées par la marche.

Qui ne sait la fâcheuse action qu'exerce sur le cerveau l'affaissement du corps, fût-ce dans le meilleur des fauteuils? Les idées demandent à être promenées doucement; alors le travail intellectuel tire un précieux concours des jambes.

Quel admirable terrain l'architecte avait à sa disposition pour planter des arbres, et permettre aux lecteurs de se délasser un instant des fatigues de l'étude! Dans cet endroit ombragé de charmilles, autour de la verdure et de l'eau, auraient pu se promener quelques instants les travailleurs, échangeant leurs pensées, et rompant par la parole les fatigues de la pensée solitaire.

—

Un jugement populaire qui devrait être inscrit en tête du Manuel des révolutionnaires de tous les pays :

Après la guerre des paysans où tant d'hommes furent châtiés justement, les anabaptistes maudissaient Luther et disaient : — Il y a quatre prophètes, deux vrais et deux faux : les vrais sont David et Jean de Leyde ; les faux, le pape et Luther ; mais *Luther est pire que le pape.*

—

Suivi à l'hôpital la visite de Moreau de Tours. Il a fait chanter en chœur par les aliénés de son service une chanson en plusieurs couplets qui avait trait aux avares, aux prodigues, aux ambitieux. Les fous mettaient une malice et un entrain tout particuliers en entonnant ce refrain :

> Docteur, dites, qu'en pensez-vous,
> Sont-ils moins fous que nous?

———

Pourquoi la représentation du paysage le plus simple nous attire-t-elle?

Un rocher, de l'eau qui baigne ce rocher, des arbres verts qui forment voûte au-dessus d'un gazon humide, tel est le tableau que regarde avec émotion un homme accablé d'affaires, la tête remplie de projets, et qui en reçoit tout à coup une verte et fraîche impression, car celui qui a rempli ce cadre n'a pas fait un tableau, il s'est emparé tellement de la nature, qu'on croirait qu'il l'a imprimée sur sa toile.

Ils sont *utiles* ces artistes qui récréent les yeux de l'homme enfermé dans les villes, et lui rappellent les champs. Voilà aujourd'hui nos véritables peintres, ceux qui témoigneront un jour du retour à la nature de populations dévorées par les inventions de toute sorte.

Aussi les paysages tiennent-ils une moitié des expositions. Certains êtres s'imaginent que les peintres obéissent à une déplorable facilité en appelant sur leurs toiles tant d'arbres, tant de gazons, tant de ruisseaux, tant de nuages : ce n'est pas là le motif qui pousse les artistes dans les bois et les champs.

Une telle abondance de paysages est le signe du développement de l'industrie, de l'entassement des populations dans de grands centres, de la fièvre de travail qui agite le cerveau de chaque habitant des villes.

Quand un produit est demandé, l'économie politique a démontré qu'il poussait pour ainsi dire sur le simple vœu des hommes. Le paysagiste est une sorte de consolateur moral qui se glisse dans le cabinet des grands travailleurs pour rafraîchir leur esprit.

Les Anglais, hommes pratiques et voués avant nous à l'industrie, qui n'ont jamais connu ni musiciens ni peintres, peuvent citer quelques paysagistes de génie, un *Constable* entre autres. Comment expliquer des paysagistes dans ce pays abandonné des arts, sinon par une réaction contre l'immense population des villes, l'entassement des maisons, les travaux pénibles des ouvriers dans les manufactures ?

La nature, se sentant oubliée, envoie tout à coup des hommes qui portent ses couleurs, pour rappeler que quelque part il existe des champs verdoyants, des rivières rafraîchissantes et de tendres gazons. Ce sont les paysagistes.

J'ai souvent fait cette expérience. Toute toile qui représente les actions des hommes devient fatigante pour l'habitant des villes, quand elle est sans cesse sous ses yeux. Le *drame*, si saisissant qu'il soit, fût-il d'un peintre de génie, entraîne à la longue une certaine monotonie. Un simple paysage, accroché dans un coin de la chambre, garde sa fraîcheur et sa vivacité d'impression première.

Le paysage est fait pour les gens qui vivent enfermés. Ceux qui s'entourent de petits cadres où sont représentés de petites marquises feuilletant un album, de petits joueurs de basse de la grosseur d'une noisette, de petites coquettes jouant de la prunelle, de petits soudards aussi ennuyeux que leur pertuisane, ne se doutent pas combien d'ennuis sont accrochés à leurs murs.

A un certain moment, ces abbés coquets, ces joueurs de basse, ces marquises, ces soudards, ces courtisanes se joignent au groupe des poisons insaisissables qui se glissent dans l'air que respire l'homme des villes. Il rentre chez lui, fatigué de l'agitation de la rue, la poitrine brûlée par la poussière du macadam, l'esprit obsédé des mille propos futiles du boulevard, l'œil énervé par les regards provoquants des femmes aux sourires peints; il s'étend sur un divan le cœur et le cerveau vides. Que rencontre-t-il autour de lui? Toujours ces mêmes tableaux de convention, exécutés avec *habileté* et *adresse*, où les meubles comme les figures, les armes comme les habits, sont traités avec une minutie parfaite, sans esprit et sans passion.

Si cet homme blasé avait sous les yeux une matinée brumeuse de *Corot*, il serait retrempé et penserait qu'à deux lieues de la ville il peut trouver de fraîches sensations que lui refuse l'art de la rue Laffitte.

Tel est le rôle des paysagistes qui se multiplieront à mesure que les inventions industrielles prendront le dessus ; et c'est pourquoi l'humble artiste qui étudie la forme d'un buisson et le tourbillonnement des atomes de poussière dans un rayon de soleil, qui nous rappelle la fraîcheur des matinées dans la campagne et nous fait souvenir qu'il y a des étoiles au ciel, joue dans l'humanité un rôle au moins aussi considérable qu'un sénateur servile.

—

Un membre du Parlement a eu la curiosité de relever l'état des ménages de Londres et du comté de Midlesex, et il est arrivé au résultat suivant :

Femmes qui ont quitté leurs maris pour suivre leurs amants....................................	1,362
Maris qui se sont sauvés pour éviter leurs femmes..	2,371
Couples séparés volontairement..............	4,120
Couples vivant en guerre sous le même toit....	191,023
A reporter........	198,876

Report.........	198,876
Couples se haïssant cordialement, mais masquant, en public, une haine féroce sous les apparences d'une feinte politesse.........	162,320
Couples vivant dans une indifférence visible...	510,132
Couples réputés heureux dans le monde, mais qui ne conviennent pas intérieurement de leur bonheur.....................	1,102
Couples heureux par comparaison avec d'autres beaucoup plus malheureux.....	135
	872,565

En regard de ces ménages, l'Anglais avoue avec regret n'avoir pu inscrire que *sept* couples véritablement heureux.

—

Un des beaux côtés de la littérature est qu'il est difficile à un homme qui a commis une faute dans le passé, de faire oublier la flétrissure qui l'a atteint. Sa conscience fût-elle en paix, l'homme est à jamais condamné. Il peut être haut placé en apparence, riche, hors d'atteinte des envieux, une main viendra arracher le voile si épais en apparence, si transparent pour tous. Il faudrait ne pas tenir une plume, ne pas juger, essayer de se faire oublier : et c'est ce qui n'arrive pas.

—

Grand dîner de gala, dans son petit hôtel à la campagne, chez J.... L...., tout à fait remonté dans l'opinion. A table, M. Dupin l'aîné, le maréchal Magnan, le marquis de Boissy, Léon Gozlan; et faisant les honneurs, la fantasque petite princesse de S....

Le soir, nous revenions à pied, par le bois, avec Gozlan, tous deux un peu étonnés de ce singulier assemblage de convives.

— Que peut venir faire M. Dupin chez J... L...? disais-je.

— Parbleu, l'arrêter, fit Gozlan.

Un mot bien parisien — d'un ami — et qui prouve qu'il faut être sans tache dans la littérature militante.

—

Victor Hugo, né en 1803, publie *les Misérables* en 1862.

Déjà, pour avoir enjambé ce large fossé qui sépare les deux dates, s'annonce un être exceptionnel qui n'a rien de commun avec les hommes d'une génération usée si vite par les soucis, les affaires, les plaisirs et le travail. De nouvelles griffes ont poussé au lion dans sa maturité.

Quelque importantes que soient les découvertes de la science, les découvertes dans l'ordre du roman sont d'une toute autre portée. Un Harvey découvre la circulation du sang; mais les passions sont non moins difficiles à expliquer. Montrer les rouages secrets de la conscience qui forcent Jean Valjean à se dénoncer lui-même, peindre la secrète pudeur de deux amants et la timidité qui fait que Marius ose à peine regarder Cosette, donner un sens au tas de sable qu'élève un enfant, analyser les premières rougeurs de la jeune fille, penser ce à quoi les enfants ne pensent pas, sont des découvertes plus positives que celles de la science.

Quelle est la portée du livre? Quel effet aura-t-il sur le peuple? Quelle sera sa durée? Graves questions qui appellent de longs développements et que je remplace par ceci : J'ai été ému, j'ai beaucoup appris et beaucoup réfléchi. De chaque volume jaillissent des points d'interrogation que tout lecteur se pose en fermant le livre.

Les admirateurs des œuvres régulières, ceux qui se croient déshonorés par un atome de poussière sur leurs habits, les écrivains qui passent deux heures à faire le nœud de cravate de leur style, se plaignent des grosses choses qui courent et se heurtent dans le livre. Cela leur fait l'effet d'un coup de tonnerre. Pâles et tremblants, ils se réfugient derrière la rhétorique. La *composition* du livre les effraye. Ils parlent surtout des *longueurs*. En effet, il y a beaucoup de longueurs dans *les Misérables*.

Le conventionnel et l'évêque des deux premiers volumes

sont des longueurs. Ils ne reparaissent plus dans le cours de l'ouvrage; il fallait les retrancher, et M. Scribe n'eût pas manqué de faire reparaître Mgr Bienvenu au milieu des barricades, ou au mariage de Cosette et au lit de mort de Jean Valjean.

Longueur que l'admirable peinture du couvent. — La flamme qui court dans les chapitres des barricades, longueur. — *L'idylle de la rue Plumet,* longueur. Longueur le petit jardin rempli de roses et de lilas, dont chaque mur conserve une trace de l'amour de Cosette.

Et ces pages à propos de la prétendue *indépendance* des voleurs qui, *pour ne rien faire,* dorment à peine, escaladent les murs, sont sans cesse traqués et finissent par le bagne ou l'échafaud, que de longueurs!

J'admire entre tant de fortes qualités la *certitude* de Victor Hugo. Ses critiques s'imaginent peut-être qu'il ne s'est pas aperçu de ces longueurs. Comme aussi prendre la parole entre les chapitres d'un roman n'est pas dans la loi habituelle. Il n'y a pas de loi. Quand la loi gêne un grand esprit, il la brise et passe. Chaque grand romancier crée une loi à son usage. Cette audace peut effaroucher les faibles, elle enhardit les forts. Et il est heureux que dans les temps de productions grises flotte un étendard aux vives couleurs.

A côté de ces *longueurs* qui s'imposent, Victor Hugo a créé mille détails épisodiques qui tous *restent* dans l'esprit. De petites scènes qui semblent un grain de sable sur cette vaste plage, sont rivées à jamais au souvenir du lecteur. Une enfant qui va chercher un seau d'eau, la nuit, à une fontaine, est un tableau que Perrault eût envié.

On a quelquefois reproché à Victor Hugo son comique pénible. Il répond par le portrait de *Gavroche,* une figure épisodique de gamin du boulevard du Temple que la littérature anglaise, si riche en profils d'enfants, admirera certainement.

Par quel procédé l'auteur trouve-t-il au bout de la plume qui a écrit la *Légende des siècles* ces chansons populaires qu'on croit avoir entendu chanter un soir par un pâle voyou de la barrière du Maine? C'est un secret que Victor Hugo partage avec Gœthe: le génie retrouve la naïveté par la science.

Attaques vives, indécision, tiédeur, ont marqué l'apparition du livre. Nous sommes chiches d'enthousiasme. Un homme qui a été *remué* en lisant *les Misérables* n'ose l'avouer.

—

Bien des fois je n'ai pas voulu contrôler mes sensations premières, voulant rester vis-à-vis d'une œuvre avec l'impression de la grisette qui trempe son mouchoir de larmes en voyant représenter un mélodrame.

———

Sur la route de Berne à Bâle, un mouton noir qui broutait a suivi les chevaux au trot quand la diligence est partie. Son maître l'a sifflé, il a continué à courir après les chevaux. Le postillon donnait des coups de fouet au pauvre animal pour l'empêcher d'être écrasé. Le mouton noir courait toujours jusque sous les jambes des chevaux.

J'ai frémi pendant cinq minutes, craignant de le voir renversé, broyé sous les roues de la diligence, d'entendre ses cris, de voir couler son sang.

Il se tirait des jambes des chevaux, se remettait à courir à leur côté et de nouveau passait sous la voiture. Enfin les chevaux ont pris le galop. Le mouton noir a tenté de les suivre; mais ses jambes n'étaient pas de taille.

Est-ce un vertige de l'animal, une hallucination? A-t-on des exemples de l'amitié d'un mouton pour des chevaux? A chercher dans les naturalistes.

———

La commission d'examen des livres soumis au colportage a interdit la vente dans les gares de chemins de fer de deux de mes livres : *la Succession Lecamus* et *les Amis de la nature*. Cette fois, certain qu'il n'y avait rien de particulier qui empêchât la publicité de ces romans, j'ai couru au ministère de l'intérieur. — Il s'agit d'écrire ou de ne pas écrire, ai-je dit. Voulez-vous m'empêcher d'écrire ?

L'administrateur levait les mains au ciel, quoiqu'il lui fût absolument indifférent que j'écrivisse ou que je n'écrivisse pas. Protestant de son respect pour les principes de 1789 (toujours les principes de 1789 !), il a fait un beau discours sur la morale. Mes livres sont signalés comme empreints d'une observation trop accusée ; les êtres vicieux s'y trouvent en majorité, et autres banalités d'usage.

Dans ce bureau, j'ai appris que le livre des *Paradis artificiels* de Baudelaire offrait les plus grands dangers pour la santé des citoyens ; il y est fortement question d'opium et de hachich. Est-il bien nécessaire, me dit-on, de vulgariser ces substances opiacées ? Le même administrateur m'a montré une édition, à bas prix, de Montaigne, que la commission d'examen a dû repousser, « la préface n'étant pas à la hauteur du génie de Montaigne. » J'écoutais tranquillement, sans dire un mot, quoique toutes ces raisons me parussent singulières.

— Voyez M. de la Guéronnière, me dit le chef du colportage.

Je me rends chez M. de la Guéronnière. — Je passe condamnation, lui dis-je, sur tous mes livres qui sont incriminés en tas, n'ayant pas le temps de m'en occuper; mais il en est un qui a paru en feuilleton dans le *Moniteur*. Pouvez-vous admettre, monsieur, que le journal officiel imprime des œuvres contraires à la morale?

Cette raison frappe M. de la Guéronnière qui réfléchit, cherche dans ses papiers, et me dit : — Voilà le rapport sur votre livre.

Rapport en effet très-défavorable à tous les points de vue. Le rédacteur me ferait volontiers traduire en police correctionnelle. — Je vais faire étudier le livre de nouveau, me dit M. de la Guéronnière, veuillez repasser, monsieur, dans une huitaine.

Au bout de huit jours, nouveau rapport. Cette fois le rédacteur m'a représenté comme un écrivain sans danger pour l'ordre de choses ; il approuve même, avec un certain nombre de compliments, l'ensemble de ma vie littéraire, et, en m'en retournant, je peux me regarder comme un moraliste.

Ces conclusions si diverses n'en sont pas moins troublantes.

—

Je ne sais si l'Anglais qui ne manquait pas une représentation de Crockett, le montreur d'animaux, l'avait averti qu'il finirait par être dévoré. J'ai vécu une douzaine d'années avec Courbet, regardant curieusement sa ménagerie de vanités, bien autrement dangereuses que les tigres du dompteur. Et comme plus d'une fois je le prévins du danger, Courbet eut pitié de ma faiblesse d'esprit.

———

Aux portes de la ville de Laon, un peintre dessinait la Tour penchée. Huit jours après j'ai retrouvé le même homme devant la même tour. Celui-là pourra se vanter d'avoir pénétré les secrets de la pierre !

M. Midoux, de même que les modestes Le Nain, ses compatriotes, avec lesquels il offre une sorte de parenté, est attaché à son pays natal et emplit ses cartons de motifs que lui fournissent la ville, la montagne et le paysage. Ce peintre, dont le talent sobre ne peut être apprécié à sa juste valeur par les gens du pays, a pour unique souci d'entrer plus avant de jour en jour dans la connaissance intime de la nature. Il travaille, vit modeste à l'écart, se soucie médiocrement des hommes et ne croit qu'à la fusion de l'art et de la nature. C'est un des côtés particuliers, mais rares, de la race laonnoise.

———

Toute œuvre d'art, à n'importe quelle classe elle appartienne, peut être jugée par ce cri qui s'échappe des cœurs vraiment enthousiastes : « Je voudrais en avoir fait autant. »

La *Sensitive*, jouée au Palais-Royal il y a deux ans, et dont une nouvelle reprise a montré les trésors de comique, appartient à cet ordre d'ouvrages intéressants.

La fortune en fut médiocre, comparativement à celle des pièces de l'endroit.

La *Sensitive* a le précieux mérite d'échapper aux trente-six combinaisons inscrites en tête du Manuel du Parfait Vaudevilliste. Non pas que la joie y manque : au contraire, comme un message sur les fils électriques, le comique court avec rapidité tout le long d'un motif neuf et hardi.

Labiche s'est attelé à un sujet tiré pourtant des entrailles de la réalité, mais si vif et si scabreux qu'on pourrait croire qu'il a parié d'écrire trois actes impossibles.

Il y eut, dit-on, de longs pourparlers avec la censure, et diverses influences durent être mises en jeu pour la représentation de l'œuvre. Ce ne fut pas non plus sans terribles biffures à l'encre rouge que la pièce revint définitivement au copiste, et un certain nombre de piquants détails restèrent au bout de la plume des examinateurs; mais les principales lignes de la comédie furent respectées, ainsi que les peintures de caractères.

La meilleure pierre de touche de toute œuvre dramatique est de la voir jouer plusieurs fois. L'imprévu étant écarté, le spectateur juge froidement ce qui pouvait l'étonner d'abord, et par là il est à l'abri de toute surprise.

Le hasard a fait que j'ai revu la *Sensitive* une seconde fois sans que ma croyance en l'œuvre ait diminué. Cette pièce est bourrée de joie comme une dinde l'est de truffes un jour de Noël.

—

La lecture n'est pas bonne quand on travaille à des combinaisons de romans ; il vaudrait mieux gratter un peu de violoncelle entre chaque suspension de travail.

—

L'HOMME AU JABOT. — A diverses reprises, de 1852 à 1860, je fus obligé, bien contre mon gré, de faire antichambre au ministère de l'intérieur pour donner des explications sur la nature de mes publications dans les journaux.

Quelques-uns des personnages que je mettais en scène renfermant une certaine somme de vices, et ces vices ayant, paraît-il, une action trop prononcée sur leurs masques, il en résultait pour l'administration une impression particulièrement désagréable. Peindre l'antagonisme des intérêts des diverses classes sociales, c'était, disait-on, une sorte d'excitation à la haine des citoyens entre eux.

L'idéal des hommes politiques, à cette époque, était sans doute de ne voir représentés que des caractères à l'antique, qui ne trahissent jamais leurs serments et n'abandonnent pas un gouvernement pour en servir un autre. Alors, les directeurs de journaux étaient timorés : jouissant d'une sorte de privilége qui se donnait comme jadis celui du *Mercure de France*, ils tremblaient pour cette propriété que la moindre incartade pouvait leur enlever.

Je publiai, à cette époque, dans un grand journal, un roman assez considérable dont les trois quarts avaient paru, sans que, à l'exception des *reporters* de la petite presse, personne y prît garde.

Un jour se présenta dans les bureaux du journal un personnage important dont je n'ai pas besoin de dire le nom. Chacun le reconnaîtra à sa toilette particulière : il était le dernier dans Paris qui portât des manchettes et un jabot.

Le *Communiqué* écrit n'était pas inventé à cette heureuse époque. M. D... était un communiqué vivant. Il apparaissait en grande toilette, dans les journaux, comme une sorte de régisseur parlant au public, et il prévenait à l'amiable les journalistes qui montraient trop le bout de l'oreille de la liberté, que, s'il n'obtenait pas plus de modération par ses manchettes et son jabot, il avait en poche d'autres moyens coercitifs.

M. D... était donc venu se plaindre au directeur du journal du caractère accentué de mes personnages, qu'il désirait voir affaiblir dans les numéros suivants.

Il est des écrivains qui excellent dans les renversements de caractères. Le coquin devient au chapitre suivant un être vertueux. Une coquette va tromper son mari; elle l'adore à l'autre page. Je n'ai jamais pu me plier à cette bascule.

Ayant appris la mission du fonctionnaire officieux, je déclarai que je ne me soumettrais en quoi que ce fût à ses injonctions, n'ayant pas sur ma table de pierre-ponce pour adoucir les angles de mes personnages; mais comme je voulais avoir le cœur net de cette censure déguisée, je me rendis au ministère de l'intérieur où j'eus l'honneur de me trouver en face du terrible jabot.

Je me plaignis poliment, ayant un extrême respect pour toute espèce de gendarme.

— Je n'ai pas lu votre roman, me dit le Jabot.

Je veux dire l'homme au jabot; mais ce jabot me tirait l'œil et semblait envelopper de ses plis fantastiques le fonctionnaire tout entier.

— Si vous n'avez pas lu mon roman, monsieur, dis-je, il me paraît difficile de discuter avec vous.

— Monsieur un tel l'a lu, je crois, reprit le jabot; vous pouvez le demander.

J'allai frapper à la porte du cabinet d'un autre censeur.

— J'ignore ce dont vous me parlez, me dit celui-ci, je n'ai pas connaissance de vos feuilletons; je vous engage à voir mon collègue qui s'occupe particulièrement du service des journaux.

Il fallut encore déranger un troisième employé.

— Voilà le premier mot que j'entends de cette affaire, me dit le censeur n° 3.

Ne pouvant obtenir de réponse, j'en conclus qu'un garçon de bureau, plus mal disposé un matin que de coutume, avait parlé à un employé de mon roman qu'il ne goûtait pas, que l'employé avait communiqué cette impression à son sous-chef, que le sous-chef s'était plaint au chef de bureau, le chef de bureau au chef de division et que, mis sur ses gardes, le ministre Billault lui-même avait chargé le personnage au jabot de se plaindre au directeur du journal de la fâcheuse impression produite par ce roman « sur les masses. »

Toutefois, croyant devoir rendre compte du résultat de mon enquête à l'homme au jabot, j'entrai dans quelques détails sur le tort que me causait cet avertissement, qui amenait la suspension de mon roman, et sur la rupture de mes relations avec un journal qui n'oserait à l'avenir se fier à un écrivain particulièrement dangereux.

— Plaignez-vous ! dit l'homme au jabot, nous vous préparons un succès.

Je goûte difficilement ces sortes de consolations, et en descendant l'escalier du ministère je me dis : — Toi, homme au jabot, tu seras châtié! Quand? je n'en sais rien, mais tu seras châtié.

Le châtiment en effet ne se fit pas attendre longtemps. L'administrateur, malgré le soin qu'il portait à sa toilette, fut renvoyé du ministère. Pourquoi? La politique a ses oubliettes et ses mystères.

Je rencontrai, à diverses reprises, l'homme sur les boulevards, le port de tête moins solennel que de coutume et le jabot moins bien plissé. Il y avait en lui du censeur décavé. Le souvenir de ses anciennes fonctions n'avait pas valu à l'ex-administrateur l'estime des honnêtes gens. Il sentait que le mépris le coudoyait de toute part.

A quelque temps de là un riche industriel, qui recevait habituellement des gens plus ou moins marquants, donna un grand dîner. Par un de ces hasards fréquents dans la vie parisienne, je fus placé, à mon grand regret, à côté de l'homme au jabot.

Il faisait une cour assidue à sa voisine. Tout le temps du dîner, l'homme joua à la fois du jabot, des regards langoureux et des manchettes. Aussi ses affaires allaient-elles bon train.

Pour moi, quoiqu'au début le voisinage de cet être me fût désagréable, j'en avais pris mon parti, suivant avec attention ses manéges galants.

Après le dessert on passa des cigares, et la bougie circula

à la ronde. J'allumai mon cigare et je tendis la bougie à mon voisin plus occupé que jamais à débiter des compliments à sa voisine.

— Toi, homme au jabot, tu seras châtié!

Mon serment me revint à la mémoire en ce moment.

Ayant approché — par mégarde — la bougie un peu trop près de l'habit de mon voisin, le feu prit au jabot de l'excenseur qui poussa un cri, porta vivement la main à sa poitrine et apparut, ô misère! avec un gilet de flanelle auquel étaient attachées économiquement ces loques de jabot maintenant noires et brûlées.

On parla longuement dans la soirée de l'imprudence des fumeurs.

J'ai été voir juger Blanqui en police correctionnelle; son profil rappelle le mot de César à ses amis qui l'avertissaient de se défier d'Antoine et de Dolabella : — Je ne crains point ces teints frais et vermeils; mais je crains beaucoup ces pâles et ces maigres, en montrant Brutus et Cassius.

Amusant croquis de Baudelaire, coupé dans un petit journal :

D. — Savez-vous encore d'autres anecdotes sur les gens de lettres?

R. — Vous me prenez un peu au dépourvu, mais je peux cependant puiser dans le *Baudelairiana.*

D. — Qu'est-ce que le *Baudelairiana?*

R. — C'est un recueil inédit d'historiettes sur M. Baudelaire, rédigé par un de ses intimes amis. J'ai obtenu la permission de feuilleter ce recueil, supérieur à tous ceux de Cousin d'Avalon.

D. — Expliquez ce que c'est que M. Baudelaire.

R. — Volontiers. Simple et calme dans l'étrange, tel est l'auteur des *Fleurs du mal,* le traducteur d'Edgar Poë. Le goût de l'étonnement joue un grand rôle dans sa vie, ainsi que dans sa littérature. Il veut être étonné et étonner. Aussi, un de ses amis, le voyant rentrer un peu tard chez lui, disait : — Je parierais que Baudelaire va se coucher ce soir sous son lit..., pour l'étonner.

D. — Est-ce un extrait du *Baudelairiana?*

R. — Comme vous dites.

D. — Essayez de vous en rappeler un autre.

R. — Voulez-vous l'histoire de l'habit bleu?

D. — Va pour l'histoire de l'habit bleu.

R. — Baudelaire fit mander une fois un tailleur. Il voulait un habit bleu, à boutons de métal, pareil à celui de Gœthe qu'on voit sur les pipes de porcelaine en Allemagne. Plusieurs rendez-vous furent échangés avec le tailleur. Baudelaire n'était jamais content : les manches ne faisaient pas assez de plis; les basques étaient trop courtes; le collet ne montait pas assez haut. Baudelaire demandait un collet dans lequel il pût rentrer sa tête les jours d'orage, comme un colimaçon dans sa coquille. Lui et le tailleur passèrent huit jours à promener la craie sur cet habit bleu. Enfin, on arriva à un résultat à peu près satisfaisant. Baudelaire se logea dans l'habit, s'examina, marcha; après quoi, se tournant d'un air aimable vers le tailleur : — Faites-m'en douze comme celui-là, lui dit-il.

D. — Pour étonner le tailleur?

R. — Sans aucun doute.

—

Premier acte de comédie. — Un vieillard riche et misanthrope a pour unique héritier un neveu qu'il soupçonne de faire des vœux pour sa mort. Malade et près d'expirer, le vieillard jette au feu le portefeuille qui contient toute sa fortune. Une réaction s'opère, l'homme revient à la vie.

Second acte. — Je l'ai longtemps cherché et je le cherche encore.

—

« Qui ne travaille pas ne mange pas. » Belle devise de la famille de Penthièvre.

—

J'ai eu longtemps, je l'avoue, de grandes préventions

contre Sainte-Beuve, dirigé surtout dans ce sentiment par les rancunes de certains hommes : l'écrivain avait tourné casaque au romantisme, et pour cette raison et d'autres plus particulières, s'attira une grêle d'attaques violentes d'Alphonse Karr, alors fort redoutable.

Si on joint aux piqûres des *Guêpes* l'amusante charge à fond de train que fit, contre les premiers volumes de *Port-Royal*, Balzac bien autrement considérable que le journaliste, on se rendra compte de l'opinion du public, vers 1844, vis-à-vis d'un homme isolé qui n'avait guère que la *Revue des Deux-Mondes* pour se défendre.

Sainte-Beuve était alors complétement démonétisé. Il mit plus de vingt ans à rattraper la popularité qui éclata à son convoi.

Le jour de l'enterrement, dans le petit jardin de la maison de la rue Montparnasse, où se pressait une foule considérable qui ne pouvait pénétrer dans les appartements trop étroits, je vis un homme prendre une feuille à un arbre et la serrer précieusement dans son portefeuille.

Qu'on compare ce fait aux obsèques d'Alfred de Musset, le chantre de la jeunesse, de l'amour, — qui était peut-être moins sceptique que Sainte-Beuve,— et qui, à grand'-peine, trouva cinquante amis de la poésie pour le suivre à sa dernière demeure.

C'est que le scepticisme du critique ne l'empêchait pas d'étudier le bouillonnement social de son temps ; c'est qu'il finissait usé par le travail, la plume à la main, quand l'intelligence de l'autre, si richement doté, s'était éteinte depuis de longues années dans des excès indignes de lui.

Sainte-Beuve avait la foi que le public cherche en tout écrivain ; il croyait au travail, à son travail.

Ce travailleur enragé eût continué à fatiguer dix secrétaires s'il n'eût trouvé, à un moment, un jeune Eckermann de la nature des lierres, car je ne vois dans Sainte-Beuve qu'un ormeau. Le comparer aux chênes puissants de la littérature des cinquante dernières années serait du domaine de la fantaisie.

Toute la maison du critique était disposée pour le travail : une sorte de maison de province avec un escalier qui donnait juste passage à un homme ; mais combien de grandes dames et de célèbres individualités de toute nature ont gravi le petit escalier, trop heureuses d'être accueillies avec le sourire fin du célèbre critique !

On était reçu cordialement, mis à l'aise aussitôt par ce diable de petit homme en calotte noire ; on regardait ses étranges sourcils roux, touffus, qui formaient comme un toit au-dessus des yeux ; on souriait de sa bonhomie, on causait.

Sainte-Beuve semblait répondre : il travaillait. Il travaillait à introduire sa vrille dans vos pensées.

Dans ses *Causeries du lundi,* on retrouve fréquemment la formule : « Un ami me dit, etc. » Des gens très-fins, et qui veulent absolument lire entre les lignes d'un écrivain, ont cru qu'ainsi le critique se débarrassait de malignités accumulées, qu'il faisait endosser à un prétendu interlocuteur.

Un tel subterfuge serait par trop naïf. Sainte-Beuve écoutait réellement ce que disaient ses visiteurs et ne se blessait en rien que leurs idées fussent opposées aux siennes.

Il eût volontiers fait parler M. Veuillot sur Proudhon, et réciproquement.

On a prêté au célèbre écrivain un certain nombre de bonnes fortunes, malgré sa laideur. Sainte-Beuve avait un secret pour s'insinuer auprès des femmes, à quelque condition qu'elles appartinssent, grandes dames ou grisettes. Elles sortaient de son cabinet, — un confessionnal. Le critique tenait leur secret.

Peu de familles célèbres à divers titres, dont les papiers intimes, les correspondances secrètes, n'aient passé par les mains du critique.

Il pointait un mot, une particularité, une phrase, et s'en servait pour donner la dernière touche à ses portraits. L'étude publiée, combien d'intéressés auraient voulu faire supprimer la touche qui, si elle éclairait le per-

sonnage, mettait quelquefois trop en lumière une verrue !
De ce côté, Sainte-Beuve devenait inflexible. Avec art il
avait glissé sur des détails dangereux ; sa plume, rompue
en ce genre d'exercice, faisait que nulle imputation d'indiscrétion ne pouvait lui être attribuée ; mais certaines
gens auraient voulu le portrait de leurs parents, sans taches, blaireauté, à la Dubufe.

Sainte-Beuve devenait de fer contre les réclamations des
familles qui n'aiment pas la ressemblance. Il tenait la
chose imprimée pour une consécration définitive.

— C'est acquis, me disait-il avec son fin sourire.

Moi non plus je ne crains les ombres aux portraits. Je
regrette certaines complaisances de Sainte-Beuve pour
des figures de cinquième plan, très-effacées et sans véritable intérêt littéraire. Il a ainsi perdu plus d'une journée
d'un temps précieux à portraiturer des gens d'une médiocre valeur, affaiblissant l'importance des biographies
de haute portée qui succédaient à celles-ci.

En pareil cas Sainte-Beuve se sauvait, il est vrai, par des
sous-entendus et des réticences que savouraient les délicats qui savaient le lire ; mais le public ne pouvait rien
comprendre à ces subtilités infinitésimales.

Je pense à Béranger en évoquant le souvenir de Sainte-Beuve. De nombreux points de ressemblance les unissent par certains côtés. Mêmes goûts bourgeois, même absence de préoccupation des choses artistiques ; mais la bienfaisance les classe dans la même famille, quoique le résultat fût quelquefois tout opposé.

Béranger, qui aurait voulu rendre service à l'humanité tout entière, échouait souvent dans ses demandes, tant il avait fatigué les riches et les puissants. Sainte-Beuve y mettait plus de tact, ne s'engageait que quand il voyait la possibilité de venir en aide par son crédit ; aussi réussissait-il presque toujours, et a-t-il aidé à tirer de l'ornière plus d'un jeune homme dont les efforts individuels ne pouvaient aboutir.

Rarement on a vu en France, même à la mort d'hommes de génie, un mouvement si prononcé dans la presse pour honorer la mémoire d'un défunt. Les journaux, grands et petits, ont rempli leurs colonnes d'appréciations sur le critique. Peut-être dira-t-on avec une apparence de raison que le développement si particulier du journalisme à informations a favorisé ce déluge de souvenirs et d'anecdotes. J'y vois un grand respect des journalistes pour l'écrivain qui, malgré ses aspirations politiques, resta un lettré dans une époque peu propre au développement de la littérature pure.

Sainte-Beuve se préoccupait particulièrement de l'état des lettres, des encouragements à accorder, de l'utilité de faciliter la voie à de jeunes talents, comme aussi de fortifier le courage de ceux qui, vaillamment, faisaient ou avaient fait leurs preuves. Son dernier article, écrit sur un lit de douleurs, en fait foi : *la Littérature, qu'est-ce que ça nous fait?* Une réponse sarcastique aux ambitieux politiques, aux Géronte au pouvoir, aux timides à qui l'indépendance des écrivains faisait peur.

Et c'est pourquoi Paris intellectuel se souvint de l'homme qui, là veille de sa mort, s'écriait : « Les lettres ! » comme Gœthe en expirant disait : « La lumière ! »

Le lecteur a dû surprendre dans certains chapitres de ces Souvenirs quelques traces d'amertume. Pouvait-il en être autrement en parlant de la vie difficile de mes amis ? Le narrateur fait corps avec ses personnages, et leurs souffrances se coulent dans son esprit comme dans un moule.

Il est question également de *préoccupations industrielles* modernes, de *l'esprit américain* qui se développe en France, etc. Le présent vaut le passé, l'avenir vaudra le présent. Il faut savoir vivre sans rancunes avec son temps et ne pas s'embarbouiller l'esprit de noir avec le passé.

Les lettres, les sciences et les arts font trop partie du tempérament français pour être étouffés absolument par les préoccupations sociales. Toujours il naîtra des poètes pour chanter la patrie, l'amour, la vie domestique : repliés sur eux-mêmes et se garant des passions politiques, des jeunes gens exprimeront en vers et en prose leurs plus intimes sensations. C'est pour ces jeunes gens autant que pour moi-même qu'ont été écrits ces Souvenirs. Ils reconnaîtront combien le peu que j'ai fait m'a été payé largement par des satisfactions intérieures.

Car je ne me plains pas de mon lot. Jeté dans la vie littéraire sans instruction, obligé tout jeune de pourvoir aux nécessités de la vie en même temps que j'étudiais, n'ayant cherché ni protecteurs ni appuis, jaloux de mon indépendance, n'écrivant qu'à ma fantaisie et à mes heures, toujours prêt à lutter en faveur des minorités, la situation qui devait en résulter n'a pas été sans jouissances.

Diverses sympathies, parties de haut, m'ont souvent réconforté; de rudes conseils qui me froissaient sur l'instant, dissipèrent les brouillards malsains de la *satisfaction* artistique.

Je ne sais pas de plus douce joie que celle de se faire estimer de ses adversaires et de les ramener à soi. Ces joies, je les ai goûtées quelquefois, et j'avoue que mes amis ont été plus dangereux que mes ennemis. Les uns m'ont placé trop haut, les autres jamais trop bas. D'en bas je fais des efforts pour m'élever; j'ai le vertige à regarder de haut.

Que me faut-il aujourd'hui pour progresser? Un peu de loisirs, beaucoup d'études. Après vingt ans de travail, 'ai gardé la même foi en l'art ; le travail m'est une joie. Mon esprit n'a conservé aucune trace des luttes par lesquelles j'ai passé, et si j'envie quelque chose, c'est l'existence des hommes dont parle Cicéron : « Aristote et Théophraste aimaient une vie douce et tranquille, consacrée à l'observation de la nature et à l'étude ; une telle vie leur parut la plus digne du sage, comme ressemblant davantage à celle des Dieux. »

Paris, 1862-63.

FIN.

TABLE

PREMIÈRE PARTIE

CHAPITRE	I. Masques et travestissements.	1
—	II. Initiation à la poésie	5
—	III. Les comédiens de province	6
—	IV. Une petite ville sous la Restauration	13
—	V. Paysages et horizons	17
—	VI. Ancien caractère gaulois	23
—	VII. Singulière éducation	29
—	VIII. Le billard de la citadelle	35
—	IX. Le professeur de morale attrayante et le professeur de bonne humeur	45
—	X. La ville des flûtes	51
—	XI. La municipalité	57
—	XII. Deburau	63
—	XIII. Autre comédien	67
—	XIV. La librairie	71
—	XV. Le livre et le journal	77
—	XVI. Silhouettes de rapins d'une autre époque	81
—	XVII. Amourettes	87
—	XVIII. Murger	93
—	XIX. Les aventures d'un agent de police	107
—	XX. La bohème	119

CHAPITRE XXI. Illusions perdues 123
— XXII. Quelle route prendre? 127
— XXIII. Rencontre de Baudelaire........... 131
— XXIV. Bonvin. 147
— XXV. Histoire de Mlle M... et de Mlle P... 153
— XXVI. Brumes et rosées....... 159
— XXVII. Courbet........................ 171
-- XXVII bis. Le réalisme, ses dieux et son temple. 185
— XXVIII. Un conteur méconnu............·...... 193
— XXIX. Profondes amours.................. 213

SECONDE PARTIE.

NOTES INTIMES... 219

FIN DE LA TABLE.

Paris. — Imp. GAUTHIER-VILLARS, 55, quai des Gr.-Augustins.

www.ingramcontent.com/pod-product-compliance
Lightning Source LLC
Chambersburg PA
CBHW060457170426
43199CB00011B/1239